语文地图

骏马秋风塞上

主　编　诸荣会

顾　问　王充闾　王栋生
孙绍振　毕飞宇
余秋雨　何言宏
林　非　曹文轩
游建华

江蘇鳳凰教育出版社
Phoenix Education Publishing, Ltd

图书在版编目（CIP）数据

语文地图．骏马秋风塞上 / 诸荣会主编．-- 南京：江苏凤凰教育出版社，2018.5

ISBN 978-7-5499-7347-7

Ⅰ．①语… Ⅱ．①诸… Ⅲ．①语文课—中小学—课外读物 Ⅳ．① G634.303

中国版本图书馆 CIP 数据核字（2018）第 108803 号

书　　名　**语文地图 骏马秋风塞上**
主　　编　诸荣会
责任编辑　李爱莲
出版发行　江苏凤凰教育出版社（南京市湖南路 1 号 A 楼　邮编：210009）
苏教网址　http://www.1088.com.cn
照　　排　南京新华丰制版有限公司
印　　刷　溧阳市金宇包装印刷有限公司
厂　　址　溧阳市埭头工业园埭中路 28 号
开　　本　718 mm × 1000 mm　1/16
印　　张　15.5
版　　次　2018 年 5 月第 1 版
2018 年 6 月第 1 次印刷
书　　号　ISBN 978-7-5499-7347-7
定　　价　49.80 元
网店地址　http://jsfhjycbs.tmall.com
公 众 号　江苏凤凰教育出版社（微信号：jsfhjyfw）
邮购电话　025-83658677，025-83658679
盗版举报　025-83658579

再版前言

《语文地图》再版，是预料之中的事！

作为该书的编者，这倒并不仅仅是信了那“一份耕耘一份收获”的古训，即因为自己当年对它的策划、编辑、校对等扪心自问是花了心思的；而是因为它首版的当年，就曾多次加印，不仅被中宣部及安徽、河南等省列入“农家书屋”装备用书目录，而且还通过国家正规版权输出渠道，在香港、新加坡等华文地区出版发行了数量不小的繁体中文版——这一切足可证明，作为一套中学生课外阅读书，它事实上已超出了当初编辑时设定的读者定位。

的确，“读万卷书，行万里路”，既是学生学好语文的秘诀，也是一般人提高文学水平的根本。然而，对于许多人来说常常是鱼和熊掌难以兼得。有的读者，或许正读着“万卷书”，却无法去“行万里路”，借助于《语文地图》即可进行一次纸上的旅行；有的读者，或许“行万里路”的机会多多，但却不可能重回学校“读万卷书”了，出门时携一卷《语文地图》，寂寞的旅程会变得充实而温暖！或许只是巧合，记得《语文地图》首次出版的当年，江苏省南京市的中考作文题竟然是“带上一本书去旅行”，《语文地图》竟有幸成了那一年南京市中考考生作文中“去旅行”时所带上的那“一本书”，这也足以可见该书是多么的让广大学子对它心有戚戚呵！今再次重排再版，正是响应广大读者的需要。

这次重排再版，为了保持原书已被读者实际认可的风貌，内容上未作太大改变，只对少数地方进行了必要的完善和修订，编排方面则重新设计了版式和四封，增加和替换上了许多新的图片，并采用了全彩印刷，也是为了让它以更光鲜的面目出现在读者的面前，以不负广大读者对它

的厚爱。

只是这新版的《语文地图》到底怎样，还请读者朋友读后把你的意见和感受告知我们，因为我们坚信，它还会重印、再版。

诸荣会

2018年4月9日

（诸荣会　作家、书法家，现在在江苏凤凰教育出版社工作，历任编辑、副编审、杂志社社长兼主编等）

序言

中国是一个文化悠久、幅员辽阔的国家，古往今来的许多名篇佳作，既属于产生它们的历史时代，同时也属于一定的文化地域，有的本身已成为了地域文化的一部分，若将它们放置到一定的文化地域中进行语文阅读和文化观照，无疑是有利于我们将这些作品读懂、读深、读透的。因此,《语文地图》虽只是一部供中学生阅读的语文课外读物，但编辑创意是具有学术眼光的，同时也可谓别具匠心；这也正是它高出目前市面上一般教辅之所在，也是我乐意将它推荐给广大中学师生的原因。

“读万卷书，行万里路”，历来都既是一般人提高文学水平和文化素养的根本，也是学生学好语文的秘诀。《语文地图》的编辑创意或许正是来自于此吧！然而，人们事实上许多时候是鱼和熊掌难以兼得的，尤其是现在的中学生，不要说他们中许多人根本就没有“行万里路”的家庭经济条件，就是家庭经济条件较好的学生，他们的课业负担是那么的重，也很难有“行万里路”的时间和精力。《语文地图》或许正可以为广大的中学生在这方面作一些弥补。

我近年来对中学语文教学一直十分关注，但是据我了解，由于种种复杂的原因，目前中学语文教学的现状是难以令人乐观的，普遍的现象是，许多的中学生对于语文课缺乏应有的热情，其中的原因当然十分复杂，是非三言两语所能说清的，这里我只想对广大的中学生朋友说一句：如果你想提升对语文的热情,不妨借助《语文地图》进行一次纸上的旅行吧,或许再上语文课,你就会获得一种别样的精彩！如果你在难得的假期出门旅游，又不想让这样难得的幸运成为一种奢侈，那么就请携上一卷《语文地图》吧，你的心灵就不仅仅会在自然景观中得到悠闲，而且会在语言的景观中发现新的精神家园。

我之所以在这里对中学生朋友这样说，是因为《语文地图》作为一套语文课外读物，对于广大中学生来说至少具有三个方面的实际意义：

第一，本书除了对课本中那些熟悉的精美诗词、古今美文，进行形象的知识解读和全新的文化定位外，更选取与它们相关、相似，互通、互证的名家名篇、新人新作——读者对它们的阅读，无意间便从课内读到了课外。

第二，书中所收古今精美诗文，皆以地理分区和文化地域为单元、以城市为支点编排，一册在手，读者在获得阅读享受的同时，定然万千里江山奔来眼底，数千年往事注到心头——语文在无意间便完成了与地理、历史的对接。

第三，那些耳熟能详的唐诗宋词，那些脍炙人口的古今美文，本书力求让其回到它们文化的“原产地”，为读者指出它们属于哪座山，哪条河，哪座城市，哪条街道，甚至哪座亭子、楼阁和墓碑……你可以循着它们，选择一个假期，去完成一次文化之旅——你便踩着诗人的足迹，既从今天走向了古代，也从课堂走进了生活。

总之，《语文地图》有如一座有效沟通课内与课外、语文与生活、语文教学与各学科教学的桥梁，而这样的一种沟通，又正是我们今天语文新一轮课程改革所需要的。

据我所知，“语文地图”本是《新语文学习》杂志的一个品牌栏目，这一栏目自开设以来一直深受读者欢迎，证据之一便是杂志发行量逐年上升，这在今天众所周知的情况下实属不易。这次编辑部又将这一栏目再作精心编辑、充实，集中成书出版，亦可谓“多年磨一剑”，相信定会得到广大读者的欢迎。

孙绍振

2010 年 4 月 28 日

（孙绍振　著名学者、作家，福建师大教授、博士生导师，北师大版中学语文教材主编）

目录

秦时明月汉时关——天水

一身复作云中客——大同

唐风晋韵现盛世——太原

下编：一梦不觉到关东

潮起潮落浪滔天——秦皇岛

佳气轮回葱郁地——沈阳

冰城长白雪千堆——哈尔滨

上编

走马西来不见天

春风不度玉门关

敦煌

【图说】

敦煌位于古代中国通往西域、中亚和欧洲的交通要道——丝绸之路上，曾经拥有繁荣的商贸活动。以“敦煌石窟”“敦煌壁画”闻名天下，是世界遗产莫高窟和汉长城玉门关、阳关的所在地。

敦煌历经沧桑，从西汉到明清，几度盛衰，步履蹒跚地走过了两千多年漫长曲折的里程，是一座古老的历史文化名城，是飞天的故乡、佛教艺术的殿堂，有“戈壁绿洲”“西部明珠”之称，是古丝绸之路上的黄金旅游胜地，被誉为“世界的敦煌”“人类的敦煌”。

敦煌旅游资源丰富，有莫高窟、鸣沙山、月牙泉、三危山、阳关、玉门关、雅丹地貌、敦煌古城等，皆以敦煌曾经的辉煌和博大精深的文化内涵而闻名于世。敦煌还有其当地特色节日，如四月八庙会、滑沙节等。

【走读】

遥梦敦煌

◎周　薇

“敦者，大也；煌者，盛也。”这就是敦煌，一座展现着大气，透射着异彩，又隐秘着神韵的城池；一个让世世代代炎黄子孙魂牵梦绕的神话；亦是一个流光溢彩的古老传说。一直梦想着乘着飘逸的彩带与敦煌一起飞天；一直梦想着寻着古道足迹，感受塞外风情；一直梦想着风起沙舞时，感受沙飞漫天的恣意；一直梦想着手捧沙漠中的一湾清泉，那是何等的沁人心脾；一直梦想着……

如今，梦圆了，敦煌就在眼前，此时，只有感叹，只有惊讶，只有心灵的震撼。

敦煌的画

飞天，是敦煌的梦，也是整个中华民族世世代代的梦。“起伏沙波见绿洲，莫高石窟半山修。僧徒聚诵笙歌处，商旅交往任自由。千

敦煌壁画上的飞天

年精华藏宝库，吾侪拾锦缀神州。明珠再照丝绸路，更上皇冠放彩旒。”这就是敦煌的金冠——莫高窟，俗称千佛洞。莫高窟的艺术魅力来自大西北草原上纵横驰骋的游牧民族不竭的激情，这激情在敦煌就融化为炽烈的色彩和飞动的线条，以及四壁和穹顶充满动感的形象。

莫高窟

诚然，北魏的秀骨清像、宋代清新的缠枝和卷草图纹，会让人流连忘返，但真正震撼心灵的最属敦煌飞天。两对雍容大度、半裸上身的古雅少女手持莲花在天宇翱翔，衣带飘飘，花朵飞飞，面壁飞舞，触目一惊，不禁让人神思遐想，她们来自哪里，飞向何方？

敦煌飞天，承载着中华民族千年的历史，千年的梦，它不仅仅是华夏子孙的骄傲，也是人类的骄傲。日本前首相竹下登邂逅莫高窟后，感叹“百闻不如一见……就如同一个富有传奇和梦幻色彩的世界”，新加坡前总理李光耀评价莫高窟“一个伟大的过去，会带来一个辉煌的未来”。

敦煌的道

王维一句“劝君更尽一杯酒，西出阳关无故人”道尽难以言说的离别、战乱之苦，自此以后，在人们眼里，阳关就是背井离乡、荒凉寂寞的代名词，然而“昔日出塞泪不止，今日喜有故人居”“今朝送君复西去，岂吝千杯供一醉”。走在今日的阳关烽燧下，春来塞外，林茂粮丰，葡萄飘香，鱼游鸭跃，一派塞外风光，“稻粱依旧泛秋色，珠实累累葡萄园”“疑是塞外江南地，白云远上祁连山”。尽管无情的岁月和风沙吞没了昔日的城池关隘，却丝毫掩盖不了灿烂的华夏文明。阳关古时有一间水精堂，十分有名。站在这里，来品味沙漠和塞外风光，“暗碛铺银地，平沙散玉羊。体明同夜月，色净含秋霜”，别有一番滋味。

落日残晖，古道瘦马，风沙轻舞，依依惜别……这或许就是人们印象中的阳关。

无独有偶，“骚人西去唱阳关，灞柳千枝耐折攀。盛世今风吹古塞，玉门

城外忆三班”。这诗说的是玉门关，丝绸之路北道的起点，出了玉门关，便进入了楼兰古国，汉班超疏“但愿生入玉门关”，也即指此。它以疏勒河为屏，长城为线，西至盐泽，北达伊吾，南接阳关，气势雄威，曾吸引了多少古往今来无数戍边良将和文人墨客为之折腰。

古人云：“明月出天山，苍茫云海间。长风几万里，吹度玉门关”；“黄河远上白云间，一片孤城万仞山。羌笛何须怨杨柳，春风不度玉门关”，从此“玉门关”也成了遥远与荒凉的代名词。登城北望，断续长城自东迤逦向西，蜿蜒于平沙莽野之中，犹如龙游瀚海。长城内侧高峻处，烽燧土墩遥相呼应，顿增古道肃穆之感。古代边关戍卒就是凭着这道防御屏障，维护着西域交通畅道，为来往的中外人民带来和平和安宁。登上古关城堡，还可见四周空阔浩瀚的景色，异彩闪烁的风姿，不禁让你骤然涌起一股中华民族历史悠久的自豪感。

在这里，玉门关、阳关的雄关险要，长达150多公里的汉代长城遗址，已出土的流沙坠简，再伴着耳边沙漠的驼铃声，使人们尤易想起“闻道玉门犹被遮，应将性命逐轻车”的情景，仿佛穿越了时空，置身千年古道中，听敦煌诉说她的悲欢离合，她的兴衰荣辱。

鸣沙山

敦煌的沙

“鸣沙山畔听鸣沙，风静沙平别有声。更喜神起沙井水，一弯如月古今明。”敦煌的沙别具一格，它像一条白色巨龙横卧在渺渺的大漠之中。夕阳下的鸣沙山，犹如一连串神砌的灿烂金字塔，巍峨耸立，棱角如刀刃。虽历经千年沧桑，风霜洗礼，却从未降低过它的高度，失去过它的棱角，改变过它的个性。

敦煌的沙是亘古的，是永恒的。因为鸣沙山每天都以新的面貌迎接八方来客，有人说，当第二天太阳升起来的时候，那一行行凌乱的脚印，就会消失得无影无踪。鸣沙山又恢复了原状——杳无人迹的“雪峰”、缎子般的金沙滩。舒缓而坦然，没有一丝波纹和褶皱。

敦煌的泉

早在汉代，月牙泉就因形似月牙而得名，古叫沙井、药泉、神泉。这里亭台楼阁，庙貌辉煌，宫厅柱廊，临水而设，林木蓊郁。泉光与山色交相辉映，奇特壮观，犹如一块光洁晶莹的翡翠，镶嵌在沙山深谷中，倒映出满天彩霞，“日月星云一泉涵”。水面不时像溅上去许多火星，爆起点点金花。风沙大漠翩翩舞，碧波泉水丝丝流，这就是月牙泉，它是沙的眼，是天的窗，一旦与月牙泉擦身而过，就会魂牵梦绕，看它，想它，念它，只是一弯月牙在心中。

月牙泉远眺

这就是敦煌，有道不尽的沧桑历史，说不完的传说故事。这就是敦煌，她用她别样的传奇人生在不停地召唤着人们，去聆听她诉说两千年的兴衰荣辱，踏上征程，去创造中华民族新千年的腾飞梦想。

【胜迹】

游览建议路线

莫高窟 — 鸣沙山 — 月牙泉 — 敦煌古城

敦煌及其周边地区名胜分布示意图

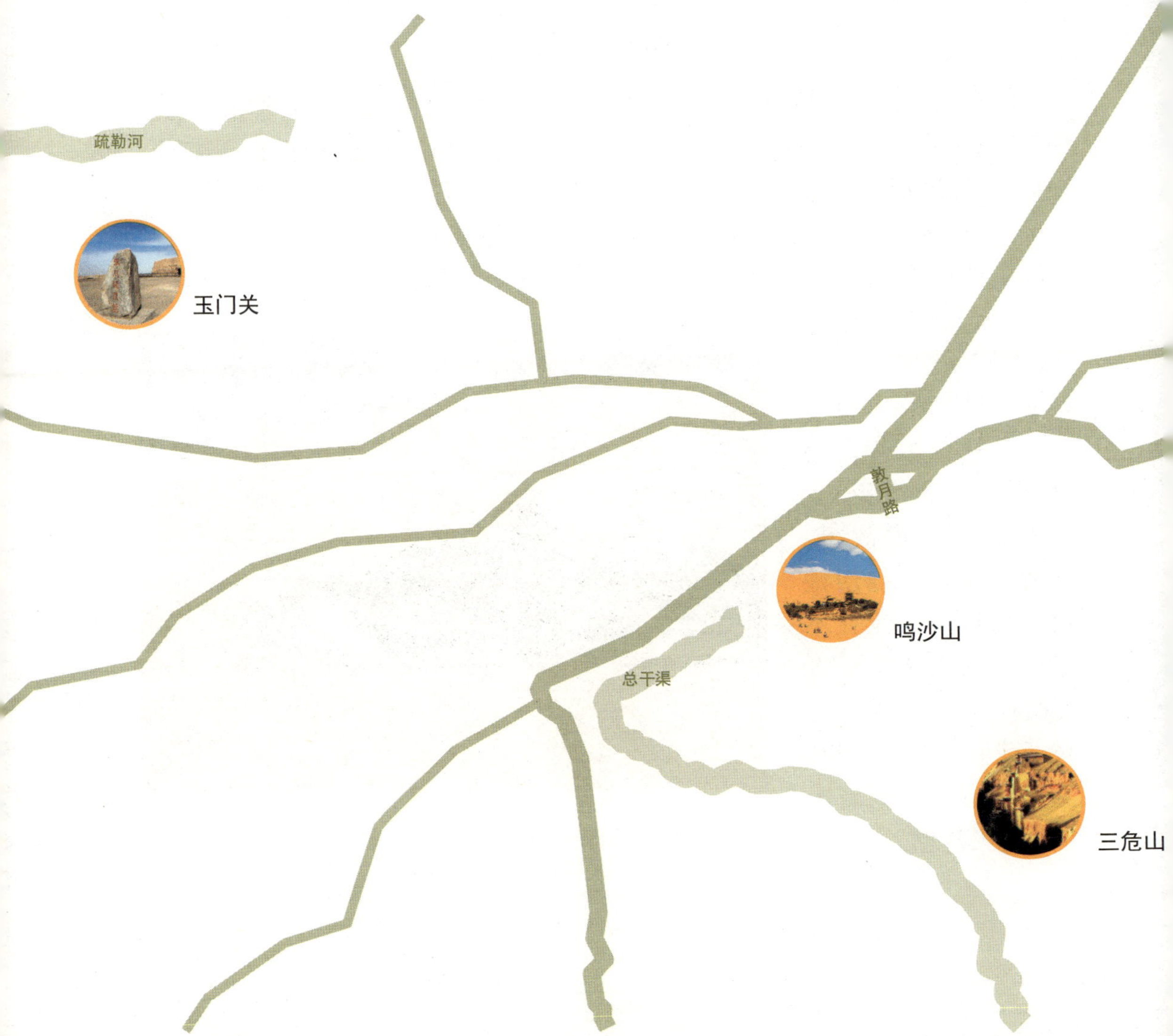

凉州词

【唐】王之涣

黄河远上白云间，
一片孤城万仞山。
羌笛何须怨杨柳，
春风不度玉门关。
（初中生必背古诗词）

王之涣 像

读《山海经》（其五）

【晋】陶渊明

翩翩三青鸟，
毛色奇可怜。
朝为王母使，
暮归三危山。
我欲因此鸟，
具向王母言。
在世无所须，
唯酒与长年。

陶渊明 像

鸣沙山

【清】朱风翔

隆隆白昼轻雷鸣，
阿香呼起驱车行。
又闻殷殷奋地出，
渔阳掺急声难平。
惊风吹沙沙作雨，
古潭老鱼立波舞。
掀簸山谷轰喧阗，
游人忽欲凌飞仙。

【名篇】

敦煌——大西北的文化浪漫

◎ 冯骥才

一

在我中华博大和缤纷的壁画宝库中，敦煌壁画特立独行，风味殊异。它既与中原壁画的面貌迥然不同；亦与西域各窟的画风相去甚远。这区别不仅是文化意蕴的不同、地域风情的相背，更是一种极具个性的审美创造。只要我们的目光一触到敦煌的画面，心灵即刻被它这种极其强烈的独特审美气息所感染！这里是敦煌样式。从艺术上说，敦煌壁画是东方中国乃至人类世界一个独有的样式。

那么，敦煌样式源自何处？它经历怎么样的形成过程？哪些是它的审美特质？谁又是它的缔造者？

写到这里，我便感到自己已然置身在一千年前茫茫戈壁滩那条响着驼铃的丝绸古道上了。

莫高窟一角

二

在海上丝路开通之前，中国面向外部世界的前沿在西部。其中一扇宽阔的大门便是敦煌。博大精深的中华文明自中原喷涌而出，经由河西走廊这条笔直的千里通道，穿过敦煌，向西而去，光芒四射地传布世界。同时，源自西方的几大文明，包括埃及文化、希腊文化、西亚文化，以及毗邻我国的印度文化，亦在同一条路线上源源不绝地逆向地输入进来。东西文化的交汇与碰撞，便在这里的大漠的荒滩上撞出了一个光华灿烂的敦煌。

敦煌内外，除去祁连山和天山两大山脉，余皆一马平川的荒漠与渺无人迹的沙海；这里，骄阳似火，寸草不生，寂寥万里，了无生机；然而强烈的阳光却融化了山上的积雪，晶莹地渗入山脚的荒滩与沙碛，形成一个个鲜亮耀眼、充满生气的绿洲，这便成了西北游牧民族生息与繁衍的地方。自先秦的戎、羌、氐、大夏，到西汉时期的塞人、胝人、匈奴人、乌孙人，西域众多民族都曾轮流地称霸于此。在莫高窟的开凿期，柔然鲜卑和铁勒突厥是这里当家的主人。此后，吐蕃、党项、回鹘、蒙古，都曾做过敦煌的统治者。在中国的众多古城中，很少有敦煌这样的多民族轮唱主角的斑斓经历。

艺术是生活最敏感的显影屏。莫高窟的壁画中自然留下了这些昔日的主人们形形色色奇特的音容笑貌、精神气质，以及他们独有的文化。从洞窟唯一的写实人物——供养人的装束与打扮上，我们便能看到这些北方各族的虔诚信徒侍立神佛一侧最真切的模样。倘若仔细端详，在不同民族称雄敦煌的时代，那些神佛的形象也微妙地发生了变化。人们信手画出的人物，总是与自己所熟悉的民族的、国家的，乃至地域的人的容貌相似。故此，这些神佛的面孔往往也带着西域民族的印记。比如西夏时代那些长圆大脸、高鼻细眼、身材健硕的菩萨，倘若换上凡人衣履，干脆就是纵马狂奔、强悍刚猛的党项壮汉。

不仅如此，西域的各个民族，无论是鲜卑、吐蕃、党项，还是回鹘与蒙古，都曾给敦煌带来一片崭新的风景，注入新的活力以及独具的文化内涵。习惯

敦煌壁画（局部）

于绕行礼佛的吐蕃人，不仅带来一种在佛床后开凿通道的新型窟式，带来《瑞象图》，带来了日月神、如意轮观音和十一面观音，更带来了藏传的佛教文化；党项人不单给敦煌增添神秘的西夏文字、龙凤藻井和绿壁画，而且把带着女真族和契丹族血型的西夏文化渲染其中；在敦煌听命于蒙古人的时代，窟顶上布满的庄重肃穆的曼陀罗只是一种异族风情的表象，更为重要的，则是忽必烈为莫高窟进一步引进的源自印度、并被藏族发扬光大的密宗文化。

然而，共同的佛教信仰和身处恶劣环境的神灵崇拜又在更高的层次上融汇、整合着西域各族这些彼此相异的文化，而最深刻的融汇成果，则凝结成一种文化精神。

在这个层面上，我们所要注意的不再是壁画上各个民族特有的形象、方式与文化符号，而是他们共同的一种气质。不论他们各自是谁，他们都曾在河西、西域以至中亚的广阔而空旷的大地上奔突与驰骋。他们和他们拥有的马群与羊群混在一起，追逐着鲜美的青草与甘洌的溪水，以及丝绸之路上的种种机遇，从而获得生命的鲜活与民族的延续。他们彼此之间一直是一边友好交往，一边为夺取生存条件而相互厮杀；相互依存又相互对抗，相互学习又相互争夺；他们的精神彼此影响，性情彼此熏染，热辣辣并虎虎有生气地混成一片。相异的历史形成他们各自的文化，相同艰辛的生活却迫使他们必备同样的气质，那就是：勇猛、进取、炽烈、浪漫、豪放与自由自在。

就是这种北方各民族共有的精神气质与文化特征，形成了敦煌样式深层的文化主体。

三

北方民族的这种文化主体，不是一种实体性质的文化。它不具备中原的汉文化那样的系统性和完整性，也不像汉文化吸纳外来文化时，表现出那么清晰和有序的演变过程，但是作为北方民族一种共有的和整体的精神气质，却顽强而鲜明地存在着。不管来自域外或中原的文化如何强劲，这种精神气

质却依然故我。

从莫高窟历史的初期看，域外文化与中原文化的影响总是交替出现。有时是由西域石窟直接搬来的域外面孔（如北魏和北周一些洞窟的彩塑与壁画），佛之容颜全是外来的“小字脸”；有时则是本地魏晋墓室壁画固有的那种中原作风（如西魏和隋代一些洞窟壁画），连佛本身的故事看上去都像中原的传说。但，即使在这一时期，我们也能看到两条脉络：一是中华文化主体的渐渐确立；一是西北民族的主体精神渐渐形成。若说中华文化，即是世俗化、情感化、审美的对称性、雍容大度的气象，以及线描；若说西北民族的精神，则是浪漫的想象、炽烈的色彩、雄强的气质、辽阔的空间，还有动感。只有自己的文化处于强势，才能改造乃至同化外来文化。对于外来的佛教来说，中国化就是文化上的同化。所以佛教的中国化和佛教艺术的中国化，都是在大唐完成的。这个中国化的结果便是敦煌样式的形成。但关键的是，确立起来的敦煌样式极其独特，它与中原的大唐风格全然不同。如果把莫高窟第45窟的壁画与陕西乾县章怀太子墓和永泰公主墓的壁画相比较，竟如天壤之别，完全是两种不同的模样！这不仅是儒家和佛家境界的区别，绘画传统与审美习惯的差异，更是汉族与西北少数民族的精神气质的迥然不同。

莫高窟雕塑

应该说，在强盛的大唐文化熔化了莫高窟，并且进行再造的同时，西北民族也把自己的精神融汇进去。这样，如果我们再去看榆林窟3窟的《普贤变》与莫高窟3窟的《千手千眼观音》这两幅标准的地道的中原风格的壁画，反觉得它们有些异样。尽管这两幅中原式的壁画当属超一流的杰作，但它们身在敦煌，却好似孤立在外，缺乏敦煌壁画一种特有的东西——那种独一无二的敦煌样式与敦煌精神，还有敦煌的冲击力和魅力。

四

在莫高窟作画的画工总共有多少人？从来无人计算，也无法计算。敦煌石窟的历史上下千年，壁画的面积四万五千平方米。历代画工的总数自然是成千上万。他们来自中原还是西域乃至遥远的印度，抑或是本地的丹青高手？是回鹘族、党项族、藏族、蒙古族，还是汉族的画工？在漆黑的洞窟中，偶然可以发现一些写在壁画上的画工名字：雷祥吉、温如秀、史小玉多半是汉人的名字，而姓氏奇特如平咄子、氾定全的大概是西北民族的画师了。

从河西到西域，那么多石窟，壁画的需求量极其浩大，而且它们地处边远，绝少人迹。在那个最多只有驴马和骆驼代步的时代，绝不会有大批中原画家来此“支边”，故此敦煌的画工主力一定源自本土：既有汉族的，也有各少数民族的。而西北民族的画工对于敦煌的意义，就是他们亲手用画笔来把自己的人生梦想与审美追求形之于洞窟的石壁上。至于那些生活在当地的汉族画工，也自会去努力投合本地的窟主——那些富有的供养人的习惯与偏好。这在客观上，就与西北民族画工的精神风格“主动地”保持一致了。

然而，这个始终处在东西方文化交汇处的敦煌，对外来的新事物一直保持着高度的敏感与好奇，很少保守和排斥。从不断进入莫高窟的东西方画风看，来自西域乃至印度的风格一直是固定不变的，而来自中原的画风却常常随时

莫高窟内景

代的更迭而花样翻新。这些变化在洞窟中留下划时代的印迹。但是由于供养神佛的窟主往往是西北民族，画工常常又是西北民族，中原文化进入莫高窟的同时，便被改造成一种“敦煌”味道的壁画。在文化的传播中，只有被当地改造并适应当地文化的东西才能驻留乃至扎下根来。这便是敦煌样式形成的内在规律。

等到敦煌样式真正成熟之后，后代画工便会自觉或不自觉地依循这个样式来作画。即使是最优秀的中原的绘画技术，如唐代的大青绿画法、宋代山水技法以及唐宋人物画的线描技法等，也不能取而代之，而必须以迎合的姿态融汇其中。至此，敦煌的样式才是真正地独立于天下。

五

我们若用西北民族的精神语言去破译敦煌，一切便豁然开朗。

敦煌艺术的冲击力，首先来自那些大漠荒原上纵骑狂奔的西北人不竭的激情。这激情在洞窟内就化为炽烈的色彩和飞动的线条，以及四壁和穹顶充满动感的形象。比起山西永乐宫、河北毗卢寺、北京法海寺、蓟县独乐寺那些中原壁画，敦煌壁画浓烈夺目，跃动飞腾；神佛也都富于表情，个个神采飞扬。至于在敦煌的壁画上处处可见的飞天，则离不开西北人对他们头顶上那个无限高远的天空的想象。那里的天宇，比起中原内地，辽阔又空旷，浩无际涯；在这里，佛教中的乾闼婆和紧那罗，被西北人发挥得美妙神奇，变化万端。连神佛飞翔的天空也被搬到洞窟里来，铺满窟顶；世界任何石窟的穹顶也没有敦煌这样灿烂华美，充满想象。

敦煌遗址之一

习惯于迁徙的西北民族，眼里和心中的天下都是恢宏又浩大的。

为此，在华夏的绘画上，他们比中原画家更早、更善于构造盛大的场面。兴起于隋代和初唐的《阿弥陀净土变》《观无量寿经变》和《西方净土变》，展现的都是佛陀世界博大又灿烂的全貌。我们暂且不去为画工们的构图与绘画的杰出能力而惊叹，仅仅那些对理想天国热烈和动情的描绘，就充分表现了在艰辛又寂寥的环境下生存着的西北民族的精神之丰富和瑰丽！

饱满华美，境界宏大，充满激情，活力沛然，想象自由，情感浪漫，以及它无所不在的动感与强烈的装饰性，正是西北民族的整体个性的鲜明表现。它对外来文化的好奇与吸纳，表现了地处中华丝路前沿的人们文化的敏感性；它种种图案乃至花边与花饰，作为各民族自己的文化符号，虽然各有特色，但在汉人眼里却是同一种异样的形象；至于敦煌壁画分外有力的流动感与节奏感，使人们联想到响彻从中亚到我国西北的那些异域情调的胡乐。敦煌不正是浓浓地浸透着这种西北民族独特和共有的文化？

现在应当确认，敦煌艺术是中华文化的一部分，但它不是一个派生的和从属的部分，而是其中一个独立的艺术形式与文化样式。对于丝路上东西方的文化交流，整体的中华文化是敦煌石窟的文化主体；对于中华文化范围内各个民族和各个地域之间的多元交流，西北民族是敦煌石窟的主体。只有我们确认这个主体及其独具的样式，我们才真正读懂了艺术的敦煌。

元代的敦煌留下一块古碑。它刻于1348年（元至正八年），名为“六字真言碑”。所谓“六字真言碑”即碑上所刻“唵、嘛、呢、叭、咪、吽”六字，分别为汉文、西夏文、梵文、藏文、回鹘文、八思巴文六种文字。这六种文字在当时都是通用的。

石头无语，文字含情。它无声却有形地再现了敦煌当时生动的文化景观，展示了西北民族在历史舞台上的活跃与辉煌。

站在这个意义上，我们就会更自豪地说敦煌艺术天下无双。

冯骥才（1942－　）

浙江宁波人，1942年生于天津。著名当代作家，文学家，艺术家，民间文艺家。著有长篇小说《义和拳》《神灯前传》，中篇小说集《铺花的歧路》《啊！》《神鞭》，短篇小说集《雕花烟斗》《意大利小提琴》等。

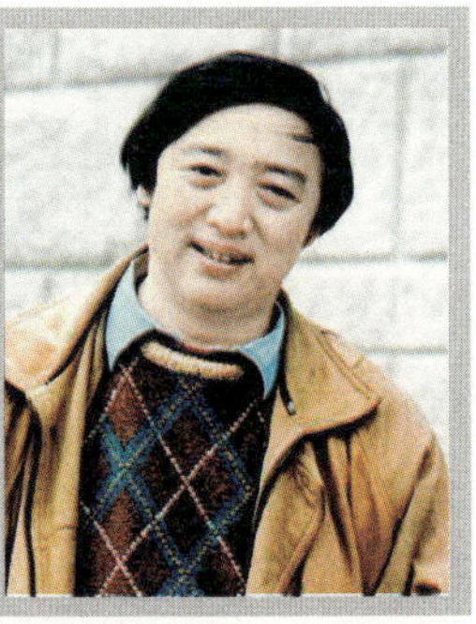

敦煌秋日

◎ 刘白羽

在大戈壁滩上驶行一日，迎着灼热的太阳、灼热的空气、灼热的风，遥望远处常常有一片晶光闪亮的湖泊，到跟前一看却依然是黄褐的沙砾。敦煌住所门前有一架葡萄碧绿森森，一下扫去身上脸上的炎尘热气。

次日上午和关山月、黎雄才两位先游月牙泉。这儿四周全是沙山，整座沙山像一座埃及金字塔，阳光从山的尖顶起照出阴阳两面，黑白分明，风吹得山的棱线像刀裁的一样齐崭崭而又弯转曲折，构成一幅沙漠图案。据说山上流沙，飒飒响彻云霄，入夜声达敦煌城内，有如丝弦鸣奏，故最高一山名鸣沙山。山那面就是敦煌洞窟，山这面群峰环抱着一个碧绿的小湖，形似一钩弯月，泉水不断向水面浮出泡沫，水清澈见底，一群群小鱼在人影一晃时便飞速

月牙泉一角

风蚀城堡

翔入墨蓝水藻。在净琉璃湖面上，掩映着黄沙山的倒影，真是幽美。站在这里环顾一切，不能不惊叹造化的无穷魔力。

我们一步一陷踏着流沙，爬上一个沙山岭角坐下来。

人们说此地古名渥洼池。人们还说汉武帝至此，见沙岭之巅有野马飞奔而去，乃有“天马行空”之说。《汉书》云：“马生渥洼水中。”汉《天马之歌》云：“天马来，从西极。”我不知这些典故传说是否属实，但它给这沙漠长空增添了缥缈神奇的色彩。

几十年没领略过西北高原秋日之美了，天高云淡，清新爽人，早晚阴凉，晌午却还笼罩着一股热流。我们下午访问，不，应该说是朝拜了敦煌莫高窟。我虽然是个无神论者，但是对这人类艺术宝库，实不能不浮起一种虔诚之感。当我徘徊于彩绘斑斓、雕塑明丽的洞窟之中，就恍如进入神话天堂。在一个洞窟中，我环顾窟壁和穹顶，画满千千万万的小飞天，你愈看愈活，一个个千姿百态，凌空飞翔，一刹那间，你自己也仿佛两腋生风，随飞天而飘舞；在另一洞窟，我为一尊泥塑所吸引，那慈祥的眼神、智慧的微笑，特别是那圆润的臂和柔美的手，你感到有生命、有血脉，手指就像在微动，我应该说我的整个心灵为这艺术的奇妙所迷醉。这一夜，梦寐中仿佛听到飞天飘舞的微声，看到雕像温柔的微笑。第二天上午，我们又奔赴莫高窟，攀援于回廊复道之中，流连于岩窟洞天之内。洞窟的每一个角落都充满彩绘，真是珠玑满目、金碧辉煌，特别是以青绿山水糅合精致线条，构成繁复绚烂的画图。在这雕塑林立的地方，有多少无名的“米开朗基罗”啊，如果说梅迭契墓上的“日”与“夜”表现了西方气质，那么，敦煌的雕塑则展示了东方的风度，但共同之处是创造者赋予艺术以生命。

敦煌壁画（局部）

莫高窟近景

古敦煌为丝绸之路上的繁华城市，被称为“华戎所支一都会”“日市数合”，意思是这个中外闻名的热闹都市，贸易集市一天分晨、子、午三次。这里又是一个咽喉要道，从此出玉门入新疆，经于阗为丝绸南路，经楼兰为丝绸北路，漫漫长途直通伊朗，将丝绸输往欧洲。唐安史之乱，与长安隔绝。西藏小吏张议潮，团结汉人，以敦煌为中心，督河西走廊一带，成为一个富强独立的古代国家。一个洞窟内有巨幅壁画就是张议潮出行图，旗飘飘，马萧萧，甚为壮观。感谢画家常书鸿，他为了保护开拓这一祖国艺术宝藏，在荒芜祁连山下度过四十几个秋冬，到现在他在夜晚还是点着煤油灯工作，我说他是玄奘一样的大师，经他们发掘、修缮，敦煌现在修复了一千多个洞窟，成为世界上最宏大的美术展览馆，据说把这些壁画接为一线则长达二十五公里，它有如满天红霞照亮了整个世界。这两天我从北魏、隋、唐、五代、宋、元相迭观赏下来，回到敦煌城中住所，站在庭中，仿佛遥遥听到古代市集喧哗和鸣沙山流沙的微响。我对敦煌实在有无限惜别之感！

离敦煌前夕，书鸿来旅处话别，我们 1950 年同访印度，垂垂近三十年了！他赠我敦煌壁画摹本珍品，上面写了一段跋语：

“二十八年前，与白羽同志同游天竺时，曾约西出阳关共赏敦煌宝藏，今如愿以偿，欢喜赞叹，用以敦煌第一百二十窟摹本相赠，敬请指正，一九七八年中秋后一日。”

刘白羽（1916–2005）

北京人。当代文学杰出代表，卓越的散文家、报告文学家、小说家、作家。散文集《芳草集》荣获 1989 年优秀散文奖，长篇小说《第二个太阳》获茅盾文学奖。

敦煌鸣沙山记

◎ 贾平凹

河西走廊，是沙的世界，少石岩，少飞鸟，稀罕树木，也稀罕花草；荒荒寂寂的戈壁大漠，地是深深的洞，天是高高的空；出奇的却是敦煌城南，三百里地方圆内，沙不平铺，堆积而起伏，低者十米八米不等，高则二百米三百米直指蓝天，垄条纵横，游峰回旋，天造地设地竟成为山了。沙成山自然不能凝固，山有沙因此就有生有动：一人登之，沙随足坠落，十人登之，半山就会软软泻流，千人万人登过了，那高耸的骤然挫低，肥雍的骤然减瘦。这是沙山之形啊。其变形之时，又出奇怪轰隆鸣响，有闷雷滚过之势，有铁骑奔驰之感。这是沙山之声啊。沙鸣过后，万山平平，一夜风吹，却更出奇的是平堆竟为丘，小丘竟为峰，辄复还如。这是沙山之力啊。进入十里，有一泉水，周回千数百步，其水澄澈，深不可测，弯环形

雅丹地貌

如半月，千百年来不溢，不涸，沙漏不掉，沙掩不住，明明净净在沙中长居。这是沙山之神秘啊。《汉书》载：“元鼎四年，有神马（从泉中）出，武帝得之，作《天马歌》。”现天马虽已远走，泉中却有铁背游鱼，七星水草，相传食之甘美，亦强身益寿。这是沙山之精灵啊！

绵延不断的沙丘

敦煌久为文化古都。敦者，大也；煌者，盛也。旧时为丝绸之路咽喉，今日是西山高原公路交通枢纽。自莫高窟惊世骇俗以来，这沙山也天下称奇，多少年来，多少游客，大凡观了人工壁画，莫不再来赏这天地造化的绝妙的。放眼而去，一座沙山，又一座沙山，偌大的蘑菇的模样，排列中错错落落，纷乱里有联有系：竖着的，顺着的，脉络分明，走势清楚，梁梁相连，全都向一边斜弯，呈弓的形状；横着的，岔着的，则半圆交叠，弦线套叉，传一唱三叹之情韵。这是沙山之远景啊。沿沙沟而走，慢坡缓上，徐下慢坡，看山顶不高，并不清晰，万道热气顺阳光下注，浮阳光上腾，忽聚忽散，散则丝丝缕缕，聚则一带一片，晕染梦幻，走近却一切皆无；偶尔见三米五米之外有彩光耀眼，前去细辨，沙竟分五色：红、黄、蓝、白、黑，不觉大呼小叫，脚踹之，手掬之，口袋是装满了，手帕是包饱了，满载欲归，却一时不知了东在哪里，西在何方，茫然失却方向了。这是沙山之近景啊。登至山巅，始知沙山之背如刀之刃，赤足不能稳站，而山下泉水，中间的深绿，四边的浅绿，深绿绿得庄重的好，浅绿绿得鲜活的好。四周群山倒影又看得十分明白，疑心山有多高，水有多深，那水面就是分界线，似乎山是有根在水，山有多高，根也便有多长；人在山巅抬脚动手，水中人就豆粒般的倒立，如在瞳仁里，成千上万倍地缩小了。这是沙山之俯景啊。站在泉边，借西山爽气豁人心神，迎北牖凉风荡涤胸臆，解怀下卧，仄眼上眺，四面山坡无崖、无穴、无坎、无坑，漠漠上下，光洁细腻如丰腴肌肤。这是沙山之仰景啊。阴风之日，沙山外表一尺左右团团一层迷离，不即

沙漠骆驼队

不离，如生烟生雾，如长毛长绒，悲鸣齐响，半晌不歇，月牙泉内却水波不兴，日变黄色，下澈水底，一动不动，犹如泉之洞眼。盛夏晴朗天气，四山空洞，如在瓮底，太阳伸万条光脚，缓缓走过，沙不流不泻，却丝竹管弦之音奏起，看泉中有鱼跃起，亦是无声，却涟漪扩散，不解了这泉是一泓乐泉，还是这山是一架乐山。这是沙山动中静、静中动之景啊。

天上的月有阴晴圆缺之变化，沙月却只有明净和碧清，时令节气有春夏秋冬之交替，沙山却只有漫下、耸起和自鸣。这里封塞而开放，这里荒僻而繁华。有整晌整晌趴在沙里按动照相机的。有女的在前边跑，男的在后边追，张牙舞爪，从山巅呼叫飞奔，身后烟尘腾起，作男女飞天姿势的。有夫妇双双相搂相抱翻滚而下的，是外国友人之狂欢啊。有一边走，一边回顾，身后的脚印那么深、那么直，惊叹在城里的水泥街道上从未留过自己脚印，而在这里才真正体会到人的存在和价值的，是北京、上海、广州的旅人之得意啊。有鲜衣盛装，列队而上，横坐一排，以脚蹬沙，奋力下滑，听取钟鼓雷鸣之声空谷回响，至夕尽欢才散的，是当地汉人、藏人端阳节之兴会啊。有三伏炎炎之期，这儿一个，那儿一个，将双腿深深埋入灼极热极的细沙之中，头身覆以伞帽，长久静坐，饥则食乌鸡肉，渴则饮蝎蛇酒，至极痛而不取出的，是天南海北腰痛腿疼的病人疗治疾苦啊。九月九日秋高气爽，有斯斯文文长脸白面之人，或居沙巅望远观近，或卧泉边杓水烹茶，诗之歌之，尽述情怀的，是一群从内地而至的文学作者啊。有一学子，却与众不同，壮怀激烈，议论

哲理，说：自古流沙不容清泉，清泉避之流沙，在此渊含止水相斗相生，矛盾得以一统，一统包容运动；这沙山古今自鸣，“不平则鸣”，为的是天马当年不该远走，还是为的感叹这泉月在沙中长明？这泉月形为上弦，沙不能掩，却不满圆，是为的诉说自己被遗落之愁苦，还是为的蓄光养体，一旦上天作长夜光明行，还是为的再孕育天马，报国效邦？接着便吟出古诗一首：“四面风沙飞野马，一潭云影幻游龙。”此人姓甚名谁，不可得知，但黑发浓眉，明眸皓齿，意气冲冲，风华正茂，是一赳赳少男啊。

贾平凹（1952–　）

陕西人，我国当代文坛屈指可数的文学大家和文学奇才，著有长篇小说《商州》《废都》《怀念狼》《秦腔》等；中短篇小说集《山地笔记》《腊月·正月》《天狗》等；散文集《月迹》《心迹》《爱的踪迹》等。

【今作】

敦煌印象

◎ 陈卫平

2007 年 5 月 4 日一早，我们从格尔木出发，向目的地——敦煌驶去，开始了我们千余里的漫漫征程。以前说起敦煌，我的脑海总浮现出这样的影像：大漠孤烟，长河落日，黄沙茫茫千年；羌笛幽幽，琵琶声断，秦月汉关飞天……敦煌在我的心里与荒凉和凋敝相连，那里只是一片黄色的世界，黄色的天地。一路上，我们观赏到一望无际的戈壁风光，光怪陆离的海市蜃楼，还见识了狂风刮起的沙尘。

经过近十个小时的颠簸，终于看到了绿树、高楼、汽车和行人，我们到达了敦煌市。敦煌市区街道整洁，高楼林立，绿树成荫，风景秀丽。跟之前茫茫的戈壁形成了鲜明的对比，让人一下子就喜欢上了这个城市。穿过敦煌的阳关大

沙漠骆驼队

街，众多的购物中心和林林总总的广告牌涌入视线，让人惊诧于她的现代化气息。

月牙泉畔

在敦煌现代化气息的背后，更多的却是历史沉淀下的深厚的文化底蕴。敦煌位于甘肃、青海、新疆三省的交汇点，地处河西走廊最西端。它南枕气势雄伟的祁连山，西接浩瀚无垠的塔克拉玛干大沙漠，北靠嶙峋曲折的北塞山，东峙峰岩突兀的三危山。敦煌在源远流长的中华历史上有着光辉的篇章，自汉武帝建四郡、据二关到现在，已绵延 2000 多年，它是古代中原通往西域乃至欧洲的咽喉要道，一头系着汉唐盛世，一头连着西方文明；一头系着古长安，一头连着波斯湾。第二天，我们就迫不及待地开始了对敦煌文化的体验。

第一站是阳关。阳关，位于敦煌市西南 70 公里，因处在玉门关之南而得名。西汉王朝为抗击匈奴、经营西域，在河西走廊设置了武威、张掖、酒泉、敦煌四郡，同时建立了阳关和玉门关。阳关是丝绸之路南道的重要关口，西域和中原来往的商旅、使者在此交换关牒才能通过关口。到达阳关附近，立刻就能感受到边关的大漠落日和铁马金戈之气。在导游的带领下，我们煞有介事地买了通关文牒，验证、通关，然后骑马穿行于关外茫茫的山路上，体验了一下“西出阳关无故人”的感觉。

敦煌壁画（局部）

第二站我们参观的是被誉为“东方艺术明珠”“沙漠中的美术馆”的敦煌莫高窟。为了保护这些瑰宝，

敦煌壁画（局部）

当天只开放了十几个洞窟供游人参观。置身窟中，随着讲解员的讲解，宛若历史倒流，梦回千年，我们目不暇接，激动不已。其中，让人印象最深刻的是莫高窟第130窟。当踏入窟中，抬头仰望的时候，真的是被古人鬼斧神工般的艺术创造力所震撼了！这座石佛开凿于唐开元、天宝年间，是目前发现的莫高窟第二大佛，也称南大佛，佛高26米，为石胎泥塑弥勒倚坐像。洞窟窟形为上小下大的方锥形覆斗顶窟。甬道南北壁上部各开一龛，下部分别绘有供养人像；主室南北壁各绘高约15米的巨型菩萨坐像一身，上部为宋代所绘飞天，是敦煌石窟中最大的飞天图。窟前保存有西夏殿堂遗址。大佛仅头部就有7米，虽然不符合人体比例，却巧妙地解决了自下而上仰望佛时的视觉差，从而使观佛者能清晰地看到既庄严又慈祥的弥勒佛的表情，更增加了对佛的敬畏感。这些艺术珍品让人佩服得五体投地，除了“啊”“呀”及“啧啧”声外，实在没有更好的语言来形容了。

晓月依旧玉弓弯

兰州

【图说】

兰州是甘肃省省会，是全省政治、文化、经济、金融、交通、教育中心，位于中国陆域版图的几何中心。兰州是黄河流域唯一黄河穿城而过的省会城市，市区依山傍水，山静水动，形成了独特而美丽的城市景观。

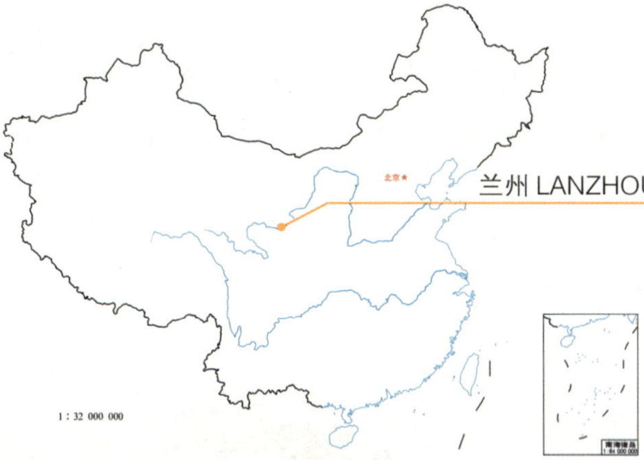

黄河不仅养育了兰州人民，也给这里带来丰富的特产。白兰瓜、软儿梨、冬果梨、白粉桃、籽瓜等瓜果久负盛名，百合、黑瓜子、苦水玫瑰、蕨菜、水烟等土特产品蜚声中外，使兰州成为享誉海内外的“瓜果城”。兰州是古丝绸之路上的重镇。早在 5000 年前，人类就在这里繁衍生息。两汉、魏晋时在此设置金城县。十六国前凉时又移金城郡治于此。隋开皇三年（公元 583 年），隋文帝废郡置州，在此设立兰州总管府，“兰州”之称，始见于史册。后来虽然州、郡数次易名，但兰州的建置沿革基本固定下来，相沿至今。

【走读】

飘雪的兰州之夜

◎陈　霁

薄暮时分抵达兰州，依然满天飞雪。

兰州不是一个令人赏心悦目的城市。论规模和现代化的程度，她远逊北京、上海，甚至远不如同处西部的成都。她所在的地形也不好，很不幸被皋兰山、白塔山一南一北夹住，硬生生地被挤扁、拉长。并且，她还处在黄土高原上。曾经从不同方向出入兰州，便发现她被望不到头的黄土塬黄土峁黄土的沟沟壑壑包围着，一走出城垣便走进了无边的荒凉。即使白塔山、皋兰山这些郊外名山，植物们也需人工浇灌。水到不了的地方，泥土便干燥得饼干般酥脆。这时，便不由得对兰州生出一股子强烈的悲悯之情。但是晚上就不同了，茫茫夜色轻易地瓦解了荒凉的包围，万家灯火更凸显了现代都市

雪后兰州一角

的繁华，这让兰州与北京、上海和成都一下子又拉近了距离。

还有雪。飘飘雪花给兰州平添了许多别样的情调，尤其让乍到兰州的南方人增加了无限遐想。这大约是上苍意识到自己的失误，便用雪来弥补歉意，为干旱的大西北作一点小小的补偿。雪首先让我们联想到农民的丰收，联想到家的温馨和围炉夜话的惬意。但雪夜的兰州街头，更让人感到美食的诱惑。各大酒店生意出奇地好，川菜、粤菜、火锅和内蒙古的小肥羊都大行其道。透过那些装饰豪华的临街大玻璃窗，可以清晰地看到那些枝形吊灯下觥筹交错的热烈。还可以想象到人们喝着本地的皇台酒，酒杯相碰发出金属般清脆的响声。烈酒沿食道顺流而下胃肠，轻易地激活本来就是干柴烈火的西北汉子。于是猜拳行令的声音响彻兰州，一肚子一肚子的牵肠挂肚被宣泄一空。流光溢彩的现代化街景与川粤大菜的浓香还误导了人的感觉器官，模糊了兰州的地域特征，甚至孜然、皇台酒和兰州拉面也都融入兰州雪夜的混沌。但是划拳却不。这些由生猛的汉子们用甘肃方言吼出的声音，这些充满智慧的语言的交锋，这些淋漓快感中夹杂了几分苍凉狠劲的酒令，才为兰州贴上了鲜明的大西北的标记。

当然，上面我说的是天水路、东岗路、平凉路等繁华大街。那些背街小巷就是另外一回事了。它们才更生动鲜活，更兰州。当我从天水路走进与兰州大学大门相对的那条叫盘旋路的小巷时，便立刻明白了这一点。这一条全长不到一千米的小巷，半明半暗地躲在高楼大厦的背后，一直按它自己的活法存在着，全然不顾那些气势不凡的大街们有什么看法。正是晚上八九点钟，小街迎来了它一天中的最高潮，满街都是烤羊肉串和火锅的气味。沿街走去，两边尽是诸如牛肉面、汤锅和小火锅等小吃食的摊摊店店，三五成群的多是年轻人。店中的老太太招呼出入的吃客，像是迎送儿孙的老祖母。公用电话亭外，一个大学生模样的女孩一边望着飘雪的天空，一边向远方的母亲报告兰州今年入冬后的第一场降雪。刚下晚自习的中学生响着铃铛飞车而来，又迅速拐进更黑暗的小巷深处。但是，生动的小巷也是老迈的小巷。它的西端已经开始拆迁。一个蓬头垢面的流浪汉躲在临街一间拆去一半的老屋，烧起一堆大火，一边取暖，一边口中念念有词。篝火闪烁不定，他像是一位巫师，正在为即将消亡又即将再生的小街举行隆重的仪式。

在兰州的大街小巷游走，可以清楚地感觉到兰州的呼吸和脉动。但兰州最重要的标记还是黄河。她是全国唯一被黄河穿城而过的大城市。我曾在皋兰山、白塔山最高处眺望河景，发现这一河铜汁般的巨流让枯涩干燥的兰州立刻变得生动和润泽。古时候，兰州曾是氐羌游牧之地。古羌语将河称为“皋

兰”，于是河边的高山便有了“皋兰山”之名。由此延伸，兰州的得名想必也与黄河大有关系。

的确，兰州因黄河而存在。因为有了黄河才有了金城古渡，才有了作为军事重镇继而又作为这一方黄土地政治、经济文化中心的兰州，才有了蒙恬、卫青、霍去病、成吉思汗和忽必烈等千古风流人物的去去来来，才有了羊皮筏子上唐僧被黄河水溅湿袈裟的故事传诵千古。从洪荒流到现今，黄河便记住了许多关于兰州的事情，所以外地人看到兰州就显得相当内敛和深邃。于是我恍然大悟，我一到兰州便感到心神不宁，感到一种召唤一种吸引，原来都源自黄河。

当我打的来到黄河边著名的滨江大道时，时间已不早了。风雪天气，行人更显稀少。黄河大桥桥头那些还在招徕游客的摄影师，这时让人感到他们已不是挣钱，而是为了一份神圣在坚持。离开黄河大桥继续往西，繁华都市的一切已经沉淀到底。静穆中的黄河在静悄悄地等待我的到来。她像是一位老祖宗，预先已经知道我一定要前来拜谒。

雪仍然密密地下着。沿滨江大道是一行无限绵延的老柳，树干可以合抱，撑着巨大的树冠。真想不到入冬的兰州柳树还如此枝繁叶茂，这只能是得益于黄河的格外恩宠。有大树的遮蔽，虽然脸上明显感到雪花的扑打，却居然感觉不到多少寒意。灯影里偶尔可见一对情侣，有的相依而行，有的站着，或干脆就坐在路边长椅上拥吻在一起，旁若无人。因为感情的发酵和精神的膨胀、天气冷暖等因素，在这里已失去了许多物理学的意义。这些喝黄河水长大的兰州人乃至广大的西北人，总是直接从黄河身上接受了刚烈豪放的遗传。于是，无论是源地老乡口中热辣辣的《信天游》《花儿》等情歌，还是眼前这些都市男女热烈大胆的爱恋，同样是他们极个性化的深情表达。来时的士司机告诉我，每年都有痴男怨女从这里跳河殉情，传出一些凄婉动人的情爱故事，印象中这里此类事情发生的比例远远高于南方，这更是西北人敢爱敢恨的一种极端例证。

滨江大道是一条柳荫大道，也是一条雕塑的长廊。《西天取经》《绿色希望》《搏浪》等主题雕塑，总让人感到其作者对黄河的理解还略欠深度，一律跳过不看。但我还是在水车园外站了很久。这是我平生仅见的巨型龙骨水车，直径怕有好几丈。趴在矮矮的围墙边，光那从柳荫里露出的半轮龙骨架已极具美感；在吱吱嘎嘎的缓缓转动中，水车让我们看到了兰州历史深处的年轮，看到了流淌于高山壑谷的黄河是如何走进村庄和城市的。

黄河边最重要的看点是《黄河母亲》雕塑。这一巨型浅红色花岗石雕像

黄河母亲雕塑

看起来设计算不上大气，却以虚实结合、简约浑朴的艺术风格塑造了一位与寻常百姓很贴近的黄河母亲，一位像当年轰动一时的电视剧《渴望》中刘慧芳那种类型的黄河母亲。走近黄河母亲时雪下得更大了，橘黄色的射灯照射下，纷纷扬扬的雪花像是满天银蝶翩翩飞舞，环绕在黄河母亲周围。这如梦如幻的意境中，黄河母亲已远远胜过我想象中的圣母。这才是真正的圣母，中国人的圣母啊。面对着她，我被导入了一个神圣的仪式。随着庄严感的加入，感觉中黄河正从心中流过，内心残存的卑劣和恶俗在河水的冲击下像泥沙一样被带走。于是我只容得下一堆小肚鸡肠的心胸变得宽敞起来，并且被一束神圣和崇高的光芒照亮。想绕行雕像一周，但我发现雕像背后有人，并且凭感觉又是一对恋中情侣——是他们不小心弄出了声响。于是我迅即左转，小心走下几级台阶，下了河堤，径直走向河边。河堤下长满桤柳和灌木，覆满枯折的芦苇。借着两岸稀疏的灯火，朦胧中还可以远远地看见水面上游弋的水鸟，偶尔还传出几声嘹亮的啼叫。靠近河边，岸上尽是湿泥。迎着强烈的泥腥味，冒着滑倒在地的危险，小心翼翼地走向水边，我将随身带来的半瓶矿泉水倒掉，换成满满一瓶黄河水。

两天以后，我从黄河母亲脚下带回的这瓶黄河水已被女儿放置在她的小书房，与她那些宝贝纪念品为伴。但瓶中的黄河水已经澄清，与普通矿泉水无异。只是，在瓶底留下了浅浅一层黄泥。我明白了：我带回的并不仅是一瓶黄河水，而且带回了小小的一部分黄土高原，还有许多由黄河辛辛苦苦搜集来的雪花。因此我猜想，从此女儿不但可以夜夜听到黄河的涛声，还可以听见黄土高原刮起的西北风，看见从兰州黄河岸边飘来的雪。

游览建议路线

吐鲁沟 — 炳灵寺石窟 — 白塔寺 — 黄河风景区

兰州及其周边地区名胜分布示意图

游吐鲁沟

丁永海

山中七月似春天，佳木闲云涧水寒。
鬼斧神工天眼妒，分明仙境落平番。
兰州远客爱农家，酸菜黄瓜拌豆芽。
美酒三杯多兴味，怀藏桦叶把红夸。

炳灵寺石窟

萧　华

萧华 像

黄河穿峡谷，剑峰耀水中。
石雕浮峭壁，云梯升苍穹。
赞叹鲁班师，夺险刻精工。
劳动新天地，江山还工农。

渡黄河诗

【南朝·齐梁】范　云

范云 像

河流迅且浊，汤汤不可陵。
桧檝难为榜，松舟才自胜。
空庭偃旧木，荒畴余故塍。
不睹人行迹，但见狐兔兴。
寄言河上老，此水何当澄。

兰州庄严寺

【清】谭嗣同

谭嗣同 像

访僧入孤寺，一径苍苔深。
寒磬秋花落，承尘破纸吟。
潭光澄夕照，松翠下庭阴。
不尽古时意，萧萧鸦满林。

【名篇】

兰州杂碎（节选）

◎茅　盾

南方人一到兰州，这才觉得生活的味儿大不相同。

1939年的正月，兰州还没有遭过轰炸，唯一漂亮的旅馆是中国旅行社办的“兰州招待所”。三星期之内，“招待所”的大厅内，有过七八次的大宴会，做过五次的喜事，其中最热闹的一次喜事，还把“招待所”的空客房全部租下。新郎是一个空军战士，据说是请准了三天假来办这场喜事，假期一满，就要出发，于是“招待所”的一间最大的客房，就权充作三天的洞房。

“招待所”是旧式房屋，可是有新式门窗，绿油油的窗，红油的柱子，真辉煌！有一口自流井，抽水筒成天“KA-TA、KA-TA”地叫着。

黄河风景线

在上海受过训练的南方籍茶房，给旅客端进了洗脸水和茶水来了；嘿，清的倒是洗脸的，浑的倒是喝的么？不错！清的是井水，是苦水，别说喝，光是洗脸也叫你的皮肤涩巴巴地难受；不用肥皂倒还好，一用了肥皂，你脸上的尘土就腻住了毛孔，越发弄不下。这是含有多量碱质的苦水，虽清，却不中使。

浑的却是河水，那是甜水。一玻璃杯的水，回头沉淀下来，倒有小半杯的泥浆，然而这是“甜”水，这是花五毛钱一担从城外黄河里挑来的。

不过苦水也还是水。甘肃省许多地方，据说，连苦水也是宝贝，一个人独用一盆洗脸水，那简直是“骇人听闻”的奢侈！吃完了面条，伸出舌头来舔干那碗上的浓厚的浆汁算是懂得礼节。用水洗碗——这是从来没有的。老百姓生平只洗两次身：出世一次，去世一次。呜呼，生在水乡的人们哪里想得到水竟是这样宝贵！正如不自由的人，才知道自由之可贵。

然而在洪荒之世，甘肃省大部分恐怕还是一个内海呢！今之高原，昔为海底。单看兰州附近一带山壁的断面，像夹肉面包似的一层夹一层的，隐约还见有贝壳的残余。但也许是古代河床的遗迹，因为黄河就在兰州身边过去。

节日中的黄河大桥

正当腊月，黄河有半边是冻结的，人、牲畜、车子，在覆盖着一层薄雪的冰上走。但那半边，滔滔滚滚的急流，从不知何处的远远的上游，挟了无数大大小小的冰块，作雷鸣而去，日夜不休。冰块都戴着雪帽，浩浩荡荡下来，经过黄河铁桥时互相碰击，也碰着桥础，于是隆隆之中杂以訇豁的尖音。这里的河面不算窄，十丈宽是有的，站在铁桥上遥望上游，冰块拥挤而来，那上面的积雪反映日光，耀炫夺目，实在奇伟。但可惜，黄河铁桥上是不许站立的，因为是“非常时期”，因为黄河铁桥恰巧事关国防。

兰州城外的河水就是那样湍急，所以没有鱼。不过，在冬天兰州人也可以吃到鱼，那是青海湟水的产物，冰冻如石。1939 年的正月，兰州的生活程

流经兰州的黄河

度在全国说来，算是高的，这样的“湟鱼”，较大者约三块钱一尾。

1939年三月以前，兰州虽常有警报，却未被炸；兰州城不大，城内防空洞不多，城垣下则所在有之。但入口奇窄而向下，俯瞰宛如鼠穴。警报来时，居民大都跑避城外；城外群山环绕，但皆童山，人们坐山坡下，蚂蚁似的一堆一堆，老远就看见。旧历除夕前一日，城外飞机场被炸，投弹百余，但据说仅死一狗。这是兰州的“处女炸”。越三日，是为旧历新年初二，日机又来“拜年”，这回在城内投弹了，可是空战结果，被我方击落七架（或云九架），这是“新年的礼物”。从此以后，恼羞成怒的滥炸便开始了，几乎每一条街，每一条巷，都中过炸弹。1940年春季的一个旅客，在浮土寸许厚、软如地毯的兰州城内关外走一趟，便往往看见有许多房子，大门还好好的，从门隙窥视，内部却是一片瓦砾。

但是，请你千万不要误会兰州就此荒凉了。依着“中国人自有办法”的规律，1940年春季的兰州比一年前更加“繁荣”，更加飘飘然。不说俏皮话，经过多次滥炸后的兰州，确有了若干“建设”：物证就是有几条烂马路是放宽了，铺平了，路两旁排列着簇新的平房，等候商人们去繁荣市面；而尤其令人感谢的，电灯也居然像“电”灯了。这是因为一年中间整饬市容的责任，是放在一双有计划的切实的手里，而这一双手，闲时又常常翻阅新的书报——在干，然而也在朝四面看看，不是那种一埋首就看见了自己的角色。

黄河远眺

但所谓“繁荣”，却也有它的另一方面。比方说，1939年的春天，要买一块肥皂，一条毛巾，

或者其他的化妆品，当然不是“踏破铁鞋无觅处”，可是货色之缺乏，却也显而易见。至于其他“洋货”，凡是带点奢侈性的，只有几家“百货店”方有存储，而且你要是嫌它们“货色不齐全”时，店员就宣告道：“再也没有了。这还是从前进来的货呢，新货来不了！”但是隔了一年工夫，景象完全不同，新开张的洋货铺子三三两两地在从前没有此类店铺的马路上出现了，新奇的美术字的招牌异常触目，货物的陈列式样也宛然是“上海气派”；陌生牌子的化妆品、人造丝袜、棉毛衫裤、吊袜带、手帕、小镜子、西装领带，应有尽有，非常充足。特别是玻璃杯，一年以前几乎少见的，这时也每家杂货铺里都有了。而且还有步哨似的地摊，则洋货之中，间或也有些土货。手电筒和劣质的自来水笔、自动铅笔，在地摊上也常常看到。战争和封锁，并没有影响到西北大后方兰州的洋货商——不，他们的货源的来源，倒是愈“战”愈畅旺了！何以故？因为“中国人自有办法”。

为了谋战争时的自给，中国早就有了“工合”运动。“工合”在西北大概颇组织了些手工业。但是今天充斥了西北大小城市（不仅是兰州）里的工业品，有多少是“工合”的出品呢？真是天晓得。大多数商人不知道有所谓“工合”，但你如果问他们货从哪里来的，他们毫不犹豫地答着：“天津”或“上海”。这意思就是：上海和天津的“租界”里还有中国人办的工厂，所以这些工业品也就是中国货了。偶尔也有一二非常干练的老板，则在上上下下打量你一番之后，便幽默地笑道：“咱们是批来的，人家说什么，咱们信什么；反正是那么一回事，非常时期，可不是？”一个在特种机关里混事的小家伙发牢骚说：“这是一个极大的组织，有包运的，也有包销的。在路上时，有武装保护，到了地头，又有虎头牌撑腰。值一块钱的东西，脱出手去便成为十块二十块，真是国难财！然而，这是一种特权，差不多的人，休想染指。全部的缉私机构在他们的手里。有些不知死活的老百姓，穷昏了，居然也走这一道，肩挑背驮的，老鼠似的抄小路硬走个十站八站路，居然也会弄进些来；可是，沿途碰到零星的队伍，哪一

黄河

处能够白放过，总得点缀点缀。要是最后一关碰到正主儿的检查，那就完了蛋，货充公，人也押起来。前些时，查出一个巧法儿：女人们把洋布缠在身上，装作大肚子混进来。现在凡是大肚子女人都要脱光了检验……嘿，你该明白了罢——一句话，一方面是大量的化公为私，又一方面则是涓滴归‘公’呵！”这问题，绝非限于一隅，是有全国性的，不过，据说也划有势力范围，各守防地，不相侵犯。这也属于所谓“中国人自有办法”。

地大物博的中国，理应事事不会没有“办法”，而且打仗已经三年多，有些事也应早点有“办法”。西北一带的根本问题是“水”。有一位水利专家指点那些秃顶的黄土山说：“土质并不坏，只要有水！”又有一位农业专家看中了兰州的水果，幻想着如何装罐头输出。皋兰县是出产好水果的，有名的醉瓜，甜而多汁，入口即化，又带着香蕉味一般的酒香。这种醉瓜，不知到底是哈密瓜的变种呢，或由它一变而为哈密瓜，但总之，并不比哈密瓜差。苹果、沙果、梨子，也都不坏。皋兰县是有发展果园的前途的。不过，在此“非常时期”，大事正多，自然谈不到。

茅盾（1896–1981）

原名沈德鸿，字雁冰。汉族，浙江桐乡人。中国现代著名作家、文学评论家和文化活动家以及社会活动家，五四新文化运动先驱者之一，我国革命文艺奠基人之一。

筏子

◎袁 鹰

黄河滚滚。即使这儿只是上游，还不具有一泻千里的规模，但它那万马奔腾、浊浪排空的气概，完全足以使人胆惊心悸。

大水车在河边缓缓地转动着，从滔滔激流里吞下一木罐一木罐的黄水，倾注进木槽，流到渠道里去。这是兰州特有的大水车，也只有这种比二层楼房还高的大水车，才能同面前滚滚大河相称。

像突然感受到一股强磁力似的，岸上人的眼光被河心一个什么东西吸引住了。那是什么，正在汹涌的激流里鼓浪前进？从岸上远远望去，那么小，那么轻，浮在水面上，好像只要一个小小的浪头，就能把它整个儿吞噬了。

啊，请你再定睛瞧一瞧吧，那上面还有人哩。不止一个，还有一个……一，二，三，四，五，六，一共六个人！这六个人，就如在湍急的黄河上贴着水面漂浮。

这就是黄河上的羊皮筏子！

羊皮筏渡河

羊皮筏子

羊皮筏子，过去是听说过的。但是在亲眼看到它之前，想象里的形象，总好像是风平浪静时的小艇，绝没有想到是乘风破浪的轻骑。

十只到十二只羊的体积吧，总共能有多大呢？上面却有五位乘客和一位艄公，而且在五位乘客身边，还堆着两只装得满满的麻袋。

岸上看的人不免提心吊胆，皮筏上的乘客却从容地在谈笑，向岸上指点什么，那神情，就如同坐在大城市的公共汽车里浏览窗外的新建筑。而那位艄公，就比较沉着，他目不转睛地撑着篙，小心地注视着水势，大胆地破浪前行。

据坐过羊皮筏子的人说，第一次尝试，重要的就是小心和大胆。坐在吹满了气的羊皮上，紧贴着脚的就是深不见底的黄水，如果没有足够的勇气，是连眼睛也不敢睁一睁的。但是，如果只凭冲劲，天不怕地不怕，就随便往羊皮筏上一蹲，那也会出大乱子。兰州的同志说，多坐坐羊皮筏子，可以锻炼意志、毅力和细心。可惜随着交通运输事业的发展，这种锻炼的机会已经不十分多了。眼前这只筏子，大约是雁滩公社的，你看它马不停蹄，顺流直下，像一支箭似的直射向雁滩。

然而，羊皮筏上的艄公，应该是更值得景仰和赞颂的。他站在那小小的筏子上，身后是几个乘客的安全，面前是险恶的黄河风浪。手里呢，只有那么一根不粗不细的篙子。就凭他的勇敢、智慧、镇静和机智，就凭他的经验和判断，使得这小小的筏子战胜了惊涛骇浪，化险为夷，在滚滚黄河上如履平地，成为黄河的主人。

你看，雁滩近了，近了，筏子在激流上奔跑得更加轻快，更加安详。

袁鹰（1924－　）

原名田钟洛，江苏淮安县人，是当代著名的作家、诗人、儿童文学家、散文家。参加工作以后改名袁鹰。

金城风采

◎秦　牧

到了兰州，休息了一夜。隔天大清早，甘肃文联的同志就领我们去观光市容了。

…………

我自然也知道黄河穿过兰州市区（而且是市中心），但是黄河岸边风光这么旖旎，建设得这样美好，既有公园，又有儿童游乐场，这却是我没有想到的。黄河上许多地方都代表了粗暴、狂放、猛烈、变幻无常。但是在兰州看黄河，却感到她像一个性格刚烈的少女，在刚烈中仍保持着温柔，她还远远没有变成一个泼妇。或者像一个纯朴少年似的，还远没有变成酗酒的醉汉。这里的黄河两岸，我想，月白风清之夜，甚至还可以成为情侣们喁喁细语的、风光优美、启人幽思的地方呢。

俯瞰兰州

黄河铁桥

黄河铁桥上可以让人悠闲地漫步。在桥上望着市廛和白塔山景色，下瞰汹涌奔流的河水，着实是一件饶有风味的事……

我以为在兰州可以看到著名的“羊皮筏子”。从前一些到云南探测西江源头的人们，曾千里迢迢来兰州采购“羊皮筏子”呢！但是从铁桥上俯瞰，却完全不见它们的踪迹，大概在比较偏僻的河段，这种“羊皮气球船”——黄河船夫天才创造的东西才大有用武之地。

兰州给我的印象非常好，它有一种朝气蓬勃、欣欣向荣的气象。它这么巨大，这么碧绿，这么雄浑。从火车站到宾馆，已经令人有这种印象了。登山远眺，那感觉很像是登上了白云山顶望广州一带（自然还够不上像登景山望北京那样的气派），那么辽阔壮观，仿佛茫无际涯。那完全是一片大城市的景观。听说兰州的人口，从解放初期的19万发展到现在的100多万。这不但在中国，在世界上也是罕见的。从公共汽车站的站牌上，可以见到大量站名用的都是工厂的厂名，五花八门，蔚为壮观，令人想见兰州工业发展的迅速。

在兰州盘桓了几天，我看到了大量使人产生兴趣的事情。我们到达的那天，正好是回教徒过“尔德节”的日子。白塔山下，戴白帽子来来往往的人很多，可以想见这儿回族居民占有一个很大的比重。街市上有许多小摊子，是我们在南方见所未见的。例如，有一种摊子，绑着几百个小笼，笼里各有一只蟋蟀，担子过处，鸣蛩声喧，小孩争着围观，饶有情趣。有一摊贩，专卖切开了的一片片的鸡肉。有一种摊子，专卖厚重的大烙饼。还有一种摊子，专卖烤牛肉串（实际是羊肉串，编者注），炉火把牛肉烤得滋滋地响。我看了也禁不住掏出零钱，学着小孩的样子，买了一串，边走边吃。

名不虚传瓜果城

兰州素有“瓜果城”的美称。我看到道旁有人在卖十分肥硕的杏子，六角钱一斤，并不便宜，但很是香甜可口。我没有想到兰州有这么多种类的瓜。白兰瓜、西瓜之外，还有什么铁蛋瓜、黄蛋瓜、醉瓜……铁蛋瓜青的时候，就是一个人站在它上面，它也不会碎裂。黄蛋瓜成熟的时候，瓜瓤黄澄澄的，

非常好吃。醉瓜成熟的时候，吃起来有一股淡淡的醇酒的芬芳。我从来没有听说过醉瓜这样一种瓜果，听了，感到非常稀奇，就买一只回来尝尝，果然名不虚传，的确隐隐有一股酒香。过去，我只知道热带的果子“菠萝蜜”是世界上最大的果实，巨型的可以长到七八十斤一个（广东也有这种果子，但结不到这样大）。听兰州的朋友说，甘肃特大的西瓜也可以长到七八十斤一个，这就使人叹为观止了。

甘肃省博物馆

兰州的省博物馆，也使人相当赞叹。一个省的博物馆，馆舍建筑水平怎样，陈列的东西是不是丰富，整理得是否井井有条，常常是那个省对文化事业是不是重视的标志。老实说，国内各个省区，在这方面，水平还是相当参差的。甘肃的省博物馆则相当使人刮目相看。它的陈列品非常丰富，足以让人们在其间作整日盘桓，我们来去匆匆，没能一一细看，但只是这么上上下下跑一趟，也尽够令人心向往之了。那里一座座展览馆，陈列着原始的猛犸（剑齿象）的骨骼、披毛犀的头骨、新旧石器时代先民的各种器具，以至于红陶、灰陶、彩陶。历代的文物也很丰富。我感兴趣的是在这里看到武威铜马和奔马踏燕。这些艺术品造型生动，栩栩如生，今天的铸马工匠要达到那样的水平也很不容易。它们被发掘出来的时候引起了很大的轰动，奔马踏燕更是震惊世界，曾在西方许多大城市巡回展览。这里的隋代铜虎符晶亮如新，也很发人遐思。甘肃出土的汉简之多冠于全国，一共大概有两万多件吧！这就是所谓“流沙坠简”了。大概甘肃沙丘寒冷干燥的环境宜于保存竹简，就像新疆的自然环境适宜于保存干尸一样，看到那一片一片像手指一样大小被编串起来的简册，连贯索也没有朽断，上面的蝇头小楷写得端端正正的，两千年前的“木扎”“竹节”，我们今天看来就像当时看到一样，的确令人为之悚然一震。

甘肃省博物馆

白塔山和五泉山

像黄河岸上的白塔山公园，它依山而建，既有许多雄伟的亭、台、楼、阁和寺庙，又有相当精美的砖雕，可以说是集雄奇和秀丽于一身。在夏天的“黄金季节”里，到处鸟语花香，绿树掩映，从山顶鸟瞰黄河雄浑地奔腾，固然饶有情趣，就是单看那层层葱茏绿阴，也够令人高兴的。夏天，这里和江南、华南的景色，几乎没有什么差别。这里有如此漂亮的公园，甚至好些号称繁华富庶的地方也望尘莫及。而在解放初期，白塔山童山濯濯，不过只有七株柏树，陪伴着一座古塔和孤庙、古塞、荒丘、坟冢罢了。当地人引黄河水上山，这才把它绿化起来了。和白塔山公园遥遥相对、异曲同工的有五泉山公园。汉代霍去病当骠骑大将军的时候曾经在这里驻兵。这座山的五眼泉水，在民间神话传说中被渲染，说是霍去病用枪刺了五下石头，因而喷涌出泉水来。历史上，兰州曾经有过“兰泉县”“五泉县”等名称，出处也就在这里。五泉山公园也是依据山势建园，逐渐递升，一样树木葱茏，一样寺阁巍峨，而在解放初期，它同样原本是一片荒凉的地方。

白塔山

秦牧（1919–1992）

原名林派光，又名林觉夫（东亚病夫觉醒之意）、林顽石，乳名阿书（小时候很喜欢读书），男，祖籍广东省汕头市澄海县东里樟林。我国著名文学大师，散文家。

【今作】

兰州的雨

◎ 王新军

下雨了。

清晨，在兰州，我撑起一把伞。

细雨中的兰州，像一个阴柔的女人，执拗而深沉。湿润使她妩媚，使她简约。

兰州，一场雨，就这样突然地来了。

在我的生命当中，注定有一些日子要与一座名叫兰州的城市有关。突然地来到这里，仿佛进入了一个巨大而陌生的怀抱。我在人群中踽踽独行，像高原上一匹受伤的狼。其间，与我有关的只有那些在楼群角落里悄悄生长的绿色，它们总是羞答答地散发着植物的清香。与汹涌庞大的汽车尾气相比，它们常常以弱者的形象出现在水泥覆盖不到的地方。

黑的雨，白的雨。亮的雨，浑的雨。

时间踞守在灵魂以外。在灵魂的壁垒中，我不敢轻易穿越一步。

黄河穿过城市中心——在兰州，两座山真切地使人感觉到城市浮华背后的狭隘——人生

兰州市区鸟瞰

活在城市当中的狭隘。

一个人走在大街上，我拥有所有的孤独。我不知道为什么我要来到这里，我习惯在田野上打开的身体，在这里一直紧缩着，没有打开的欲望。

终于，兰州下雨了。

我在清晨撑开了一把伞，一把淡紫色的伞。雨中打开的伞，像花丛中打开的芳香的身体。雨丝斜斜地打在伞上，仿佛某种急切而表象的亲吻。雨，带来了花的馥郁。那些已经被洗净了灰尘的植物，一夜之间变得与我有关了。只一夜时间，它们突然从尘土中冒了出来。如同乡间邻家的女子，不知不觉间，她的一个回眸惊醒了你呆滞的眼睛。呀，她已经长大了。心头突然被那么爽朗地一击，你甚至没有意识到什么，你的生命就突然蓬勃起来了。你突然想起了一首老歌，你哼了起来。这时候，一定会想起一个人，一个又是远又是近的人。

东方红广场，在雨中十分宁静。鸽子被雨打湿了，像受伤的人躲在大山的脚下。但我听不到它们的呻吟。鸽子，看着忙碌的人，它想些什么呢？

远处，一切都在雨中。只有水车还在旋转，仿佛时间又开始在那里轮回。在雨中行走的，才是真正懂得浪漫的人。比如黄河，向东，她去了哪里？在地下通道里，一个年轻人弹着吉他唱歌，他面前有人放下几张零钱。

那么多走不完的街道，那么多人——那么多像我一样的人！

在这座城市的数百万人中间，有一些诗人。他们中许多人的名字，已经和兰州连在了一起。但我不知道他们中有几个人喜欢雨，有几个人真正喜欢黄河。我常常被他们拉到农民巷喝酒。喝醉酒的时候，他们都会全心全意地想到祖国和人民——兰州，有中国最好的诗人。

五泉山

一道电闪，两声惊雷，雨点自云端倏忽而下，穿过傍晚渐渐升起的暮霭，重重地砸在乱七八糟的水泥地面上。

噼啪声中，一团团尘雾次第升起，瞬间又被后面的雨点罩下去。铺天盖地，按下葫芦起了瓢，好不

热闹。眨眼间，地面已经见湿了。再眨一眼，地面上已经汪上了明晃晃一滩水。雨落水中，叮咚声从打开的窗口扑面而来，高楼也无法阻挡它的热情。

在兰州，雨水似乎更眷顾五泉山，就像一个美丽的姑娘，或者说像一朵花，只对钟情的人开放。

远处，五泉山完全被雨雾盖住了。近处的楼上楼下，无数的窗口里探出了好奇的脑袋。一场骤然而来的雨，涤荡着我心头隐隐的焦躁和阳光下不能呈现的阴郁。在六楼的窗口，我凝望着一场黄昏时分来到兰州的晚雨。

在兰州，这是我独自承受的很多个日子当中的一个。因为一场雨，我从简陋的书桌前站了起来。在窗口，雨点敲打着我白天的眷恋和失意。

一个人的世界里，用心去爱一件事物是不容易的。

又一道电闪，又是两声滚雷。雨点儿又急了，大了。四周笼罩着汹涌的涛声。这就是雨在五泉山下制造出来的声音。一场雨，大了，或者小了，对我无所谓，对于夏天的五泉山，对于这个已经被水汽覆盖的傍晚，也无所谓。

突然，那些声音没有了。刚刚淋湿的地面仍然湿着，水光盈盈。灯光在夜色中闪烁，天，黑下来了。然而，雨停了。

一场雨，来了，又走了。就这么简单，像一个来去匆匆的过客，又像一道掠过眼前的虚幻的风景，把真实永远留在了无边的黑暗中，把空灵留在我

的内心。

透过清凉的空气，城市在雨后安静下来，仿佛泥土里一颗等待萌芽的种子。

雨丝如线。我用这个古老而恰当的比喻使一场无名的小雨在兰州变得缠绵起来。爱一场雨，如同平凡地爱一个人，都能体验到真实的快乐。

又一次，雨下着。一个人，一把伞。

时间在湿漉漉的空间里旋转。在时间的键盘上，被雨点敲击的城市在跳跃。一场雨的到来，将城市轻轻刷新了一次。运行的车流和人流，永远停靠在秩序空茫的网格上。

在雨中，我必须完成对一个人、一座城市的思考。人，永远都是情感的困兽。感情使人变得年轻，也使人变得苍老。

毕竟，雨来了。

一滴雨，如果不打湿行人的肩膀，不淋湿一朵含苞的花蕾，那它应该做些什么呢？我就是这其中另外的一滴呀，谁能情愿让我打湿？谁能欢欣地接受我的滋润？花坛里所有的花，能不能为我开放？

又一场雨，又一片湿漉漉的心情……

一把打开的伞，又被我轻轻合上。

雨，下着。我看见了时间的背影。

秦时明月汉时关

天水

【图说】

龙城天水，位于甘肃东南部，是甘肃省第二大城市。天水有三千多年的悠久历史，曾名上邽、成纪、秦州。天水是中华民族和中华文明的发祥地之一，这里是羲皇故里，是古代丝绸之路必经之地，四季分明，气候宜人，物产丰富，素有陇上“小江南”之美称。

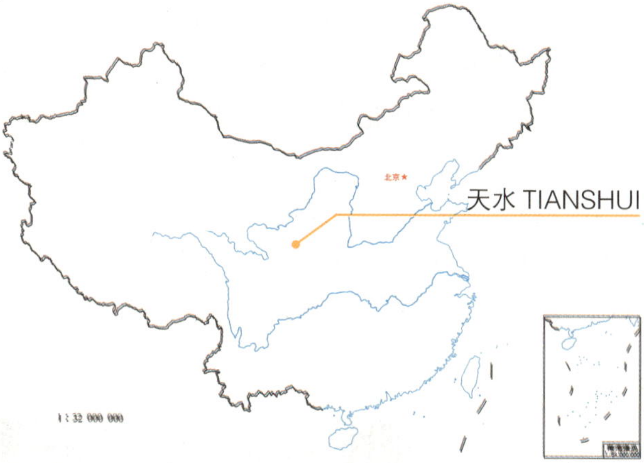

天水文化是秦的发源地，这里名人辈出。忠烈侯纪信、飞将军李广、蜀汉大将军姜维、前秦皇帝苻坚、号称“诗窖”的五代诗人王仁裕、创立大唐基业的李渊及李世民父子、诗仙李白、女诗人苏惠、爱国将领邓宝珊都诞生在这里，他们成就了天水的名声。还有蜀汉丞相诸葛亮、圣僧唐玄奘、诗圣杜甫曾旅居于此，留下的胜迹为天水增添了许多美丽的传说。

【走读】

天水悠扬

◎ 马婷婷

一

长江、黄河，从天水城旖旎而过，天水，这粗犷中的一抹温柔似淡淡的一丝烟云，镶嵌在自古边塞地。

“成纪属汉阳郡，汉阳郡即天水郡也。古帝伏羲氏所生之地。”《汉书》短短几句话，包含了一个神秘的传说。

华胥氏，一个美丽不可方物的女子，游玩于古老的梦境中，蜿蜒的路上一个大大的脚印吸引了她，她贪玩地踩到大脚印上，不想却因此有孕。华胥氏怀胎十二年，生下人首蛇身的伏羲。这个美丽的神话没有记载在史书中，却在民间历久弥新地流传下来。而伏羲特殊的出身，注定了这个奇怪的孩子有着特殊的使命。

伏羲庙

天水井

他教人们做网用于渔猎，大大地提高了当时人类的生产能力；同时教人们驯养野兽，这就是家畜的由来；他变革婚姻习俗，倡导男聘女嫁的婚俗礼节，使血缘婚改为族外婚，结束了长期以来子女只知其母不知其父的原始群婚状态；他始造书契，用于记事，取代了以往结绳记事的落后形式；他发明陶埙、琴瑟等乐器，创作乐曲歌谣，将音乐带入人们的生活，帮助人们“修身理性，反其天真”；他还将其统治地域分而治之，而且任命官员进行社会管理，为后代治理社会提供借鉴。伏羲带领着他的子民，逐渐走向文明，然而自然界给人们太多太多的惊奇和恐惧，人们对于大自然一无所知。当下雨刮风、电闪雷鸣时，人们既害怕又困惑。天生聪慧的伏羲在天水麦积区（原叫作北道区）渭南乡西部设八卦台，闲暇时便来这里，仰观天上的日月星辰，俯察周围的地形方位，有时还研究飞禽走兽的脚印和身上的花纹，终于画出八卦图，为他的子民解释自然界的一些现象和规律。当地的人为了纪念伏羲的诞生，特将地名改为成纪，因为在古代，人们把十二年作为一纪。然而此时，名为成纪的天水还只是“养在深闺人未识”的姑娘。

汉武帝元鼎三年（公元前 114 年），在今天水市秦州区的西南处，人们酣甜的美梦被隐隐雷声唤醒，起身抬眼望，天空彤云密布。忽然雷电交加，一道红光划过天际，一声巨响，似天崩地裂。之后，顷刻间地面裂开一道大缝，天河之水注入其间，遂成一湖。湖水深不见底，水质纯净，甘洌醇厚。人们都认为湖水与天河是相通的，并将此湖称为“天水井”。汉武帝听说后，认为这是吉兆，十分高兴，便下令在湖水旁建起城池，设立新郡，并取名为“天水郡”。“天河注水”的美丽传说，成就了天水这个曼妙而浪漫的名字，也成就了今天的天水。

二

在故事中诞生的天水，注定了是个写满故事的地方。

“林暗草惊风，将军夜引弓。平明寻白羽，没在石棱中。”这是唐代诗人卢纶的一首《塞下曲》，截取《史记》中的一个片段化作诗歌的形式赞颂了李广高超的武艺。就是这黑夜中的一箭，让多少人记住了这位英勇善战的飞将军。“但使龙城飞将在，不教胡马度阴山”，人们对他有多少殷殷期盼。然而命运就是一个顽皮的孩子，他不会让谁的生命完美无缺。在汉代，匈奴犯境，战争频仍。李广身经七十余战，却终究是“冯唐易老，李广难封”，留下了多少怅惘。

今天的天水市南石马坪，一座李广墓静默地立于历史的风雨中。此墓不知建于何时，也不知为何人所建，现在也无人看管，一片荒芜景象，仅存一破旧的小殿，一个半圆的土堆和一柱石碑，四周的空地是砖头烂瓦，断墙残壁。风呜呜吹过，像在讲述这位飞将军曾有的辉煌，也像在哭诉他现在的凄凉……

你听，是谁在风中高吼着秦腔，高吼着诸葛孔明痛失了街亭的悲凉。这个昔日“金戈挥日返，银镝逐星飞”的古战场今日已经泉在亭毁，那张铸有“蜀”字的弩机也静静地躺在博物馆中，述说着那个让人扼腕的故事——“挥泪斩马谡”，一向洞若观火的孔明也只能哭着叹息那曾雄霸一方的蜀国的日暮。

历史不能改变，时间继续前行。历史中的天水仍然刀光剑影，只是，那挥剑高呼的人，已经是另一种装束，另一番心情。

三

秦汉已去，隋唐相继，一代明君在这灵山秀水中悄悄成长。他的名字有“济世安民”之意，包含着父母对他的期望。唐太宗李世民即位后，积极听取群臣的意见，努力学习文治天下。他采取措施平定外患，虚心纳谏，厉行节约，使百姓休养生息，终于使得社会出现了国泰民安的局面，谱写了一曲壮怀激烈的贞观长歌，也开创了中国历史上最意气风发的时代。

钟灵毓秀的天水，造就了一批又一批的人才。这些英雄们，在天水，在世界，创造着历史，创造着辉煌。只有天水，依然静默，清静圣洁如圣域，旁观着所有的凄凉与辉煌。对于每一个生于天水或旅于天水的诗人来说，天水都不能不说是一处佳境。她不食人间烟火，远离世俗，她也许就是生于斯

南郭寺

的女娲的化身，也许就是另一处桃源仙境。

自此风尘远，山高月夜寒。
东泉澄澈底，西塔顶连天。
佛座灯常灿，禅房香半燃。
老僧三五众，古柏几千年。

李白咏叹天水的淡远；杜甫有“远水兼天净，孤城隐雾深”“如行武陵暮，欲问桃源宿”“烟火军中幕，牛羊岭上村”的多重感受；而谭嗣同，这位少年时曾随父来过天水的民族英雄，多年以后更是深情地写下了“春烟淡淡暗离愁，雨后山光冷似秋。楚树边云四千里，梦魂飞不到秦州”的诗句。

沧桑变化，塑造了天水得天独厚的自然风光；历史悠久，孕育了天水灿烂辉煌的古代文化。然而，天水，并没有将自己困于久远的历史，翻开历史的画卷，每个时代都有她的美好。

游览建议路线

李广墓 南郭寺 麦积山石窟 伏羲庙 大地湾遗址

天水及其周边地区名胜分布示意图

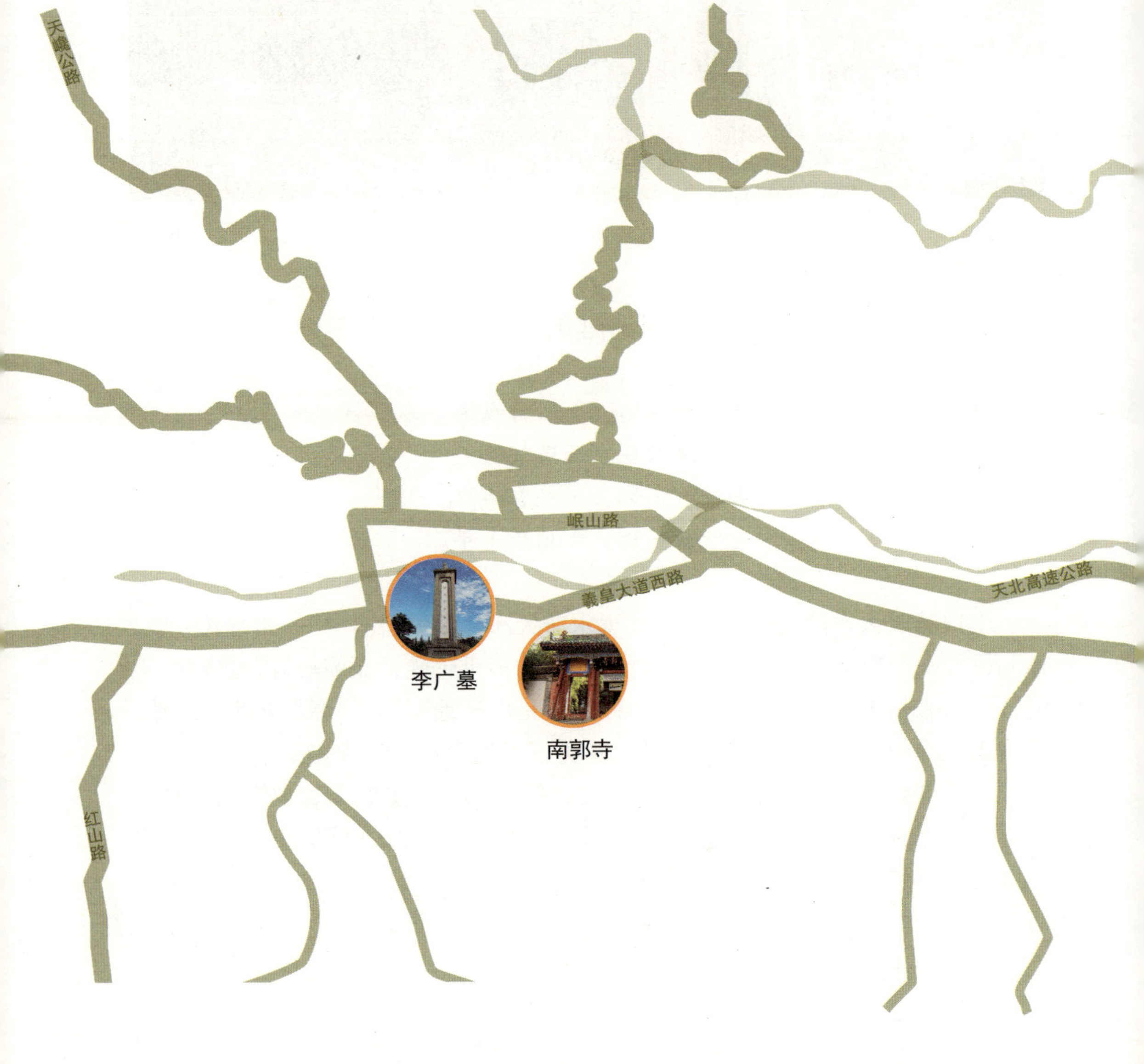

秦地风韵

中学语文课文《蒹葭》选自《诗经·秦风》。秦，古秦国原址在犬戎（今陕西兴平东南），东周初改建都于雍（今陕西凤翔），自此逐渐强大起来。统治区大致包括今陕西中部和甘肃东南部。《秦风》就是这个区域的诗，有一种在别的诗中少见的尚武精神和悲壮慷慨的情调。

李广墓

“秦时明月汉时关，万里长征人未还。但使龙城飞将在，不教胡马度阴山。”王昌龄的诗妇孺皆晓。所以到了天水，必得拜谒飞将军李广墓。在天水市秦州区城南石马坪，有一座纪念西汉名将李广的衣冠冢。据《史记·李将军列传》载：“李将军广者，陇西成纪（今天水秦州）人也。孝文帝十四年，匈奴大入萧关，而广以良家子从军击胡。用善骑射，杀首虏多，为汉中郎。”“广居右北平，匈奴闻之，号曰‘汉之飞将军’。”

街　亭

《失街亭》是中学语文中的一篇传统课文，选自《三国志》。街亭位于天水市郊陇城镇，是历史上重要的军事关隘。诸葛亮第一次出祁山，魏派大将军张郃率军西援抗蜀，双方争夺的焦点即街亭。马谡自以为是，失守街亭，诸葛亮被迫退回汉中，杀马谡以谢天下，自己也自贬三级以示惩处，这里至今还有“乱骨堆”“大营”“常营”“万人坟”等战争遗存，并有弩机、马刺等遗物出土。此外在天水的三国遗存还有木门道、诸葛军垒、名将姜维墓冢等，这些遗迹无一不是三国文化的昭示。

秦州杂诗（其十二）

【唐】杜　甫

山头南郭寺，水号北流泉。
老树空庭得，清渠一邑传。
秋花危石底，晚景卧钟边。
俯仰悲身世，溪风为飒然。

山　寺

【唐】杜　甫

野寺残僧少，山园细路高。
麝香眠石竹，鹦鹉啄金桃。
乱水通人过，悬崖置屋牢。
上方重阁晚，百里见秋毫。

【名篇】

有一个美丽的地方

◎雷　达

在我看来，时至今日，天水尚未得到与她的文化品位相匹配的承认和尊重。每当我走过世界各地，听人们夸赞中国的大大小小的名城而不曾提及天水时，我的心便隐隐作痛——为我的家乡不被更多的世人所知而痛。我这样说并非夜郎自大或坐井观天，也并非不知道在一定范围内天水的知名度已不能算小，可是，我仍然要说，比起天水真正的文化价值来，现在的评价是远远不够的。

我说天水有极高的文化价值，并可与全国的中等名城相提并论，绝非夸张之辞。在这个商品化和旅游热发烧的年头，几乎没有一个地方不宣称自己是“文化名城”的，以至于名城名镇名山名水多如牛毛，闹得鱼目混珠，真假莫辨，倒叫真正的名城羞于自我介绍了。天水，天水，难道你是“绝代有佳人，幽居在空谷”吗？

宁静的“天水井”

南郭寺门楼

南郭寺山门

还在我很小的时候，老师就拖着长声吟哦道："诗仙出秦州，诗圣过陇右。"那是说，李白出身于天水，杜甫路过过天水，都与天水有不解之缘。杜甫留下了数十首沉郁顿挫的诗篇——《秦州杂诗》，白纸黑字，用不着考证，你不承认也得承认啊。问题主要出在李白身上。那一年，郭沫若考证出李白出生于碎叶城，又完全不提李白与天水的关系，对天水很不利。细看他那本趋时奉承之作《李白与杜甫》，所依据的史料实在单薄得可怜。但人们相信他，好像人们质疑他的晚年，若再质疑这一说法，就有失厚道似的。于是，碎叶城之说成了他晚年重大的学术贡献，真是天知道。另一方面，四川文人的力量很大，经过多年努力，硬是把李白拉将过去了，拉过去加入了"四川籍"。现在，全世界的人谁都不怀疑，李白的故乡在四川江油，那里年年都在搞庆典，热热闹闹，再也没有人会想起或者提起李白与天水有什么关系了。这干净倒是够干净了，但历史会答应吗？

你只要往渭河边一站，看那秋风吹渭水的光景，必会感到，李白肯定来过这里。就算是他小时候由中亚到了四川，那他是怎么走的呢？谁能说，李白一家从西域"归还巴蜀"之间，就没到过天水，或在天水生活一段时间呢？凭什么把时间卡在五岁而不是十岁回到了江油？难道李白是坐飞机从吉尔吉斯斯坦直接到的成都再坐大巴到的江油吗？他怎么会绕得开天水呢？傻子都知道，天水位于丝绸之路上。要按陈寅恪的考证，李白一家根本就没到过什么碎叶城。李白在他的自传里斩钉截铁地说："白本布衣，陇西成纪人。"李阳冰在笔录李白临终嘱托时写就的《草堂集序》里的开头第一句就是："李白字太白，陇西成纪人。"连"其先"的字样都没有。可是，为了把李白抢到手，人们连李白本人的话都置若罔闻了。可见争夺文化资源多么激烈！

其实，天水作为古秦州，“伏羲城”，值得一说的何止李白与杜甫。汉武帝改陇西郡为天水郡。三国时属魏蜀相争之地，西晋置秦州。天水悠久的历史孕育了丰富而独特的天水古文化：伏羲文化、大地湾文化、先秦文化、麦积山文化和三国文化等。这里有诉说着人类童年故事的大地湾古人类遗址，有中国“四大石窟”之一、号称“东方雕塑博物馆”的麦积山石窟，有全国规模最大、保存最完整的明代建筑伏羲庙，有李白和杜甫共同吟咏过的古刹南郭寺，有三国时的天水关、木门道、街亭、诸葛军垒等遗址。

伏羲诞生于渭河之滨，“一画破鸿蒙”于三新阳之卦台山，天水遂有“羲皇故里”之称；秦始皇的上祖“非子”，赐姓嬴，封地在礼县境内，也即秦代四大陵之首西垂陵所在地，当地人叫大堡子山，说秦始皇是天水人，有根有据；飞将军李广墓前的蒋介石的题词经受了风吹雨打，人们还会想起李广的孙子汉将李陵；汉忠烈将军纪信，西汉名将赵充国，蜀国大将姜维，辞赋家赵壹，前秦皇帝苻坚、苻洪，唐高祖李渊，明代名臣胡缵宗，陇上铁汉安维峻，以及做出卓越贡献的邓宝珊将军……

啊，真个是星汉灿烂，若出其里啊。我知道，每个地方都能数出若干个名人，但像天水，能以如此浩大阵容，孕育如此众多栋梁之材的，在整个中国恐怕也没有几处。麦积山石窟在国内乃至世界石窟艺术中，其地位也屈指

麦积山石窟

李广墓大门

李广墓

可数。我到过名气很大的印度阿旃陀石窟，发现那里与麦积山存在某种艺术精神上的通感。论形貌，麦积山似并不输于对方。

近年来，我一直在思索天水在中国文化长廊中的地位，逐渐形成了如下的归纳：天水者，伏羲文化之都，秦汉文化之源，石窟文化之秀也。陕人尝以秦人自居，事实上，最早的秦人，或秦人之祖先，只能到天水一带去寻找。试想，这样一座历史悠久的名城、古城，难道不值得各方人士重新认识吗？

雷达（1943—　）

甘肃天水人，中国作家协会全委会委员，中国当代文学研究会副会长，中国小说学会常务副会长。第四届、第五届茅盾文学奖评委，第一届、第二届鲁迅文学奖评委，出版论文集七部，散文集二部，作品《当前文学创作症候分析》获第四届鲁迅文学奖全国优秀文学理论评论奖。

【今作】

行走在天水

◎周　妍

行走在天水，你似乎就走在美丽的传说中。

我对天水得名的理解来自在游麦积山石窟时的真实体验，站在七佛阁的空中栈道上，自山顶向下飞溅的无数颗晶莹的小水珠随风飘落，蔚为壮观。因没有角度是笔直的，给人感觉就是从天上飞下的圣水，有几颗飘落在游人的身上，我探出头，张开嘴，清冽甘甜就直入咽喉，这，恐怕就是天水吧！

行走在天水，你似乎就走进了伏羲时代。伏羲氏是古代传说中的三皇五帝之一，九夷之首。《帝王世纪》中记载，“伏羲生于成纪”，成纪即今天甘肃天水一带，也就是说天水市是

天水市区一角

伏羲氏的故乡。所谓三皇即指天皇伏羲、地皇黄帝、人皇神农，都在黄河流域。看着1992年江泽民视察时的亲笔题词“羲皇故里”的烫金大字，再看看火车站广场对面一座富丽堂皇而又规模宏大的“伏羲故里大酒店”招牌，伏羲时代的气息对着踏入天水的外地游客就扑面而来，笼罩了他们的思想。

行走在天水，你似乎就走进了历史深处，来到了文化之乡。伏羲庙带你走进了史前文化，来到了中国的伊甸园，看到中国的亚当夏娃，即伏羲与女娲，这两个妇孺皆知的神话传说人物，他们既是兄妹又是夫妻，具有“人首蛇身”，在人类遇到洪水人烟断绝之际结为夫妻，繁衍人类，至今在天水市留存有他们的古迹和口耳相传的故事。“仰韶文化时期村落再现”的大地湾文化的出土说明了历史在这里延续。这里也是“秦王扫六合，虎视何雄哉！挥剑决浮云，诸侯尽西来”的大秦王朝早期的发祥地。史载，秦代先祖非子在此为周孝王牧马有功被赐姓为嬴，封地为秦，天水成了秦国的开业基地，素有秦州之称，后人励精图治，金戈铁马，在黄河一线上，在咸阳古渡一统天下。当然，素有丝绸之路东段“石窟走廊”之称的天水，石窟文化天下闻名，始凿于南北朝时期的麦积山石窟是其中最著名的，荟萃历代泥塑造像、壁画及罕见的艺术珍品，是“东方雕塑馆”。走在天水街道上，听着导游讲三国别有风味。原来这里曾是陇右第一镇，历来为兵家必争之地，三国时就处在蜀魏交锋的前沿，诸葛亮六出祁山，失街亭痛斩马谡，取天水收姜维，三国古战场带着历史的灰尘，在这里讲述着曾经的一切。

行走在天水，你似乎就走进城市的边缘，历史与现实的十字路口。这里背负着太多的历史厚重感和文化积淀感，所以在现代化的城市建设进程中走得蹒跚而缓慢。天水的设城形态跟炎帝故里古陈仓极其相似。渭河穿越市中心，高大的现代化建筑楼群依河而建，中间用大桥相连，有北道和新城两个区。天水是一个县级市（天水现为地级市，辖5县2区，2区为秦州区和麦积区，编者注），规模不算太大，以农业和旅游业为主，污染较少，经济发展呈现勃勃生机。天水具有独特的城市形态，狭而长，真有点和世界上最狭长的国家南美洲智利相媲美之感。这或许也是一种城市建设的设计理念吧，不过可是最早的。

行走在天水，你似乎就走进了“大漠孤烟直，长河落日圆”的境界。天水在古代已是西域的大门口了，虽不是“西出阳关无故人”，但也是人烟稀少商旅独行的地方。“西凉小吃”“西凉啤酒”等西凉字样屡屡出现在街头小馆，感觉已到了西域大漠之地了。在天水大桥上看黄昏落日已不同于西安，因为毕竟在西边，有一种落寞的辉煌，悲壮的美丽。淡淡的云彩在西天布满，落

麦积山石窟

日静静地，缓缓地，向山后悄然滑落，一点一点，当它全身而退到山后，在我以为就此平淡地结束时，让人难以忘怀、叹为观止的场景出现了：刹那间，刚刚还淡而无彩的云朵忽地披上金衣，霞光万丈，染红了西边半边天，使人怀疑太阳就要从西边升起来了，因为这明明像是日出景观，但仅仅是一刹那，云朵就暗淡如前了，西天也暗淡下来了。我惊异于这突然而至的光彩，惊讶于这大自然的杰作，惊叹于这捉摸不定的现象，是落日临走前的“回光返照”，对，似又不对。身旁的朋友说，因天水三面环山，而这山又如此之高，天空又如此之狭，当落日下沉时，还远未到地平线，但山已遮住了太阳的光辉，过于逼近地把光线硬生生地反射回来，这或许就是物理学地理学等综合因素导致的吧，但我却宁愿始终坚信有灵性的天水落日是“回光返照”，冲破那种“夕阳无限好，只是近黄昏”的悲怨咏叹，在临死前再次奋力展现自己的美，把灿烂留给人类，让人们享受一次圆满的结束，生命也可以如此美丽地结束！尽管只是一瞬，但大千世界，我只做一瞬观，尽心了，也就够了。安息吧，天水的落日，你本是天河注水的背景，是观音菩萨净水瓶中不小心掉落到人间的一滴活水，焉能不尽心尽力地展示自己最后的辉煌。

行走在天水，天空是那么碧蓝，白云是那么纯净，青山如黛，流水如玉。不管你是从伏羲时代的历史文化氤氲中走来，还是刚刚经过曲溪漂流，从石门夜月，仙人崖险峰上下来；或许你吃着牛肉拉面还在回忆着麦积山石窟的雕塑，这一切似乎都已不重要，重要的是在这座神秘而有魅力的城市中你曾经诗意地走过。

西行访古

◎ 周晓辉

西部让人联想到荒凉的沙漠，绵延的戈壁，甚至是断壁颓垣。可是，当我访古西行时才发现自己的浅薄无知。这曾经是丝绸之路的必经之地，这曾经是玄奘法师西行取经停过一晚的地方——天水。天水是西北的“小江南”，风光宜人；天水是仰韶文化的发源地，处处胜迹。西部承载的是我们的历史，天水记录着我们的文化。

龙城——伏羲大庙

汉唐兴盛在西北，天水兴盛在汉唐，这里到处都是汉唐的遗迹。当初是为了缅怀飞将军李广才来到他的故乡看一看的，记得《史记·李将军列传》写道：“李将军广者，陇西成纪人也。”可是，在李广的衣冠冢前，我才发现人生际遇何其难测。都说落叶归根，可是在李广的故乡何曾见到葬他肉身的陵墓？历史沧桑中，这样一位万世称颂的将军竟也渺小得如海中一粟。

古巷悠悠

伏羲庙

成纪，被称作“龙城”，是因为中华民族的始祖伏羲氏。现在的天水市中心有太昊宫，这是国内唯一有伏羲塑像的伏羲大庙，带着朝拜祖宗的敬仰之情来参观这个“人祖庙”。成纪就是“十二年生成”之意。传说帝太昊伏羲氏是孕育了一个纪也就是十二年，才出生的。伏羲氏智勇双全，力大无比，他统一了中原地区多个部落，成为中华民族的始祖。

现在的伏羲大庙，其南天殿天花板上绘有完整的六十四卦及河图图形，以纪念伏羲“画八卦，代替结绳；定官职，分理海内”的功业，纪念他带领着华夏民族走向文明。据说，每当伏羲氏生日正月十六和祭日七月初九，庙里香烟缭绕，男女老幼携带香表纸人，在喜树八卦柏前，将纸人贴在上面乞求健康，因为草药针灸也是伏羲氏造福于民的发明。

伏羲大庙后殿有龙雕，造型精美，应该是建造大殿时雕刻而成，距今已有700多年。传说是伏羲氏创造了华夏民族的族徽，马头、鹿角、蛇身、鱼鳞、鹰爪、鱼尾，并把这个动物的综合体称为“龙师”，就这样形成了农耕文明、渔猎文化的图腾——龙。这个神圣之物似乎盘旋在每个人的心中，几千年来他一直是这样包容四海、吐纳百川，有浩穷天宇的气概。

秦岭山水

龙城的优美在于山水的神圣。这里有神话传说中的仙山楼台，如女娲诞生地女娲洞，黄帝诞生地轩辕谷，日落之处在凤凰山，大禹治水经过了朱圉山，老子归隐在伯阳……有幸一饮灵源之水，一览麦积佛山。

秦岭山中的古庙和古柏

天水瀛池，是明代秦州十景色之一，也就是现在的天水湖。《水经注》云：上邽“北城中有湖水，有白龙出是湖，风雨随之。故汉武帝元鼎三年，改为天水郡”。天水因此得名。传说天水湖与天河相通，当地人也叫它“天水井”。现在的天水湖林木茂密，白鹭翩然，夏秋之际荷花盛开，风景幽静秀美。天水湖的湖水清澈甜美，不愧为“灵源”。

西秦岭山脉的小陇山，林木葱郁，溪水流石，就在这冈峦之中，有一处海拔 1700 多米的巨石孤峰，看上去就像农家的麦垛，呈紫褐色。进入麦积山风景区后，首先映入眼帘的是凭崖而凿的一组雕刻造像。中间一座佛，高达 15 米，左右两尊菩萨侍立，喜笑颜开，迎送来往游客。行至山前，抬头仰望，只见龛窟密如蜂房，依窟建檐，层层相叠。栈道云梯修建于悬崖，浅龛深窟开凿于东西崖之峭壁上，雄伟浩大，令人赞绝。尤为精美的是泥塑石雕，绝大部分是彩妆，从开凿到现在历经 1600 多年的填充变化，被誉为“东方雕塑陈列馆”。麦积山上烟云缭绕，碧水长流，景色清幽而多变幻，这“麦积烟雨”中蕴藏着华丽的神秘。

关山要塞

在天水市张家川回族自治县境内，有著名的关隘—— 关山。这座古代的昆仑山，横亘在张家川东北，绵延百里。这里曾经是古丝绸之路的交通要道，它是亚洲、非洲和欧洲陆上纽带，沿途“五里一燧，十里一墩，三十里一堡，百里一寨”，经历了两千多年的历史风尘，依然完好地保存了云陇山道的旧时模样。都说关山难越，但它并未阻挡经济的交流。

关山是东去长安的必经之路，是战略要塞。《木兰诗》云：“万里赴戎机，关山度若飞。朔气传金柝，寒光照铁衣。将军百战死，壮士十年归。”这是北

魏统治者与匈奴作战的明证。古乐府曲有《度关山》《陇头歌》《关山月》流传千载，这些涉及关山的诗歌大都饱含离别哀伤之情。长安西来，便是离开繁华，就意味着背离了故乡。关山的艰险阻断和崎岖坎坷，就仿佛是人生的绝路和尽头。汉代远嫁匈奴和亲的王昭君或许曾越过关山。《昭君辞》中写道：“衔涕试南望，关山郁嵯峨。始作阳春曲，终成苦寒歌。”东汉末年的蔡文姬有《胡笳十八拍》传世：“十七拍兮心鼻酸，关山阻修兮行路难。去时怀土兮心无绪，来时别儿兮思漫漫。”这些奇女子的传奇人生，留给关山无数的伤感。到了唐代诗歌大盛，关山、关山月的内涵逐渐演变为边塞诗歌的重要意象，哀怨凄凉而又慷慨悲壮。

天水之关山，风景奇秀，早已失去关隘的意义，无人称呼它的古名，陇山、陇坻、陇坂、陇首早已随战火消失在历史的记忆里。

西行的路，似乎是坎坷和风尘。西行的人，都有着朝拜的心境。一直到我离开这片黄土地，心中充溢出的还是惊奇和敬仰。

一身复作云中客

大同

【图说】

大同市位于山西省北部大同盆地的中心、黄土高原东北边缘，是京包铁路、北同蒲铁路、大秦铁路的交点，北邻内蒙古自治区乌兰察布市、东邻河北省张家口市、西南与山西省朔州市相接、南靠山西省忻州市。全市总面积为 14176 平方千米，占全省总面积的 9.1%，是山西省第二大城市，有“煤都”和“凤凰城”之称。

大同自古为军事重镇和战略重地，是兵家必争之地，古人描述为：“三面临边，最号要害。东连上谷，南达并恒，西界黄河，北控沙漠。实京师之藩屏，中原之保障。”曾发生上千次大小战事。大同境东的马铺山是汉代刘邦与匈奴奋战七昼夜的战场；金沙滩（属于山西朔州市界）是杨家将血浴沙场的故址。大同在历史上一直是中国北方比较有影响力的大城市之一，素有“三代京华，两朝重镇”之称。

【走读】

大同——古代雕塑艺术之都

◎ 马亚红

最是一年春好处，绝胜烟柳满皇都。

“大同，一座中国古代雕塑艺术之都！”随着前来考察的冯骥才先生一声赞叹，世界开始重新阅读、审视和诠释大同。

拨开岁月苍茫的尘雾，撩起历史神秘的面纱，那座一朝京华、两代陪都的千年皇城，那一个个挥鞭断流、摘星揽月的王朝，并没有沉落在历史的尽头，原来就隐藏在一件件精美绝伦的雕塑艺术作品之中。甚至大唐、大明王朝，都在这里留驻着风姿鲜活的身影。

雕塑，是人类最古老的一种造型艺术。童年的人类，在手之舞之足之蹈之的同时，用石头或猎获的兽角兽骨，在山岩、树木直至陶瓷器皿之上，雕刻心灵的驿动，录音情感的颤响。

云冈石窟

而曾经在大同这片土地上建功立业的马背民族，或许是他们的天性更为率真，更为朴素，于是在选择承载审美理想的艺术形式之时，几乎都格外钟情和亲密地认同了雕塑。

大同古代雕塑艺术在恢宏的发展中，兀然崛起三座奇绝的高峰。每一座高峰，都披挂着一个王朝蓬勃的色彩，回响着一个王朝洪亮的笑声，叠印着一个王朝雄浑的影像。

第一座高峰“横空出世莽昆仑”，当属云冈石窟造像；第二座高峰“金壁严丽焕如新”，应为辽金塑像；第三座高峰“飞天跃海逗春雨”，自是明朝龙壁琉璃彩塑。

这三座高峰，可以概论为“云冈风范”“华严风格”“九龙特色”。

大同雕塑因了皇家工程，横断面地阅读，具有极强的时代性。一座雕塑峰峦就是一个王朝的面孔，其生动的表情显露着丰富的内心世界；线性地考察，每一座雕塑峰峦连缀起来，便呈一道清晰的历史山脉，结构成一条王朝更迭承传的生命之链。

大同古代雕塑具有鲜明的历史特点——

一是皇家风范，皇朝气派。无论云冈石雕，或是华严寺、善化寺及九龙壁彩塑，皆为皇权的产物。北魏王朝定都大同并在此辉煌百年，其间，举国家之力，调用工匠万千，不惜用半个多世纪的时光，精心雕造了“雕饰奇伟，冠于一世”的云冈石窟；契丹贵族建立的辽朝和女真贵族建立的金朝，续北魏王朝之“香火”，都把大同作为陪都称“西京”，并泥塑彩绘了美轮美奂的华严寺、善化寺佛像。明王朝皇帝朱元璋之子朱桂受封代王，其王府设在时为九边重镇的大同。为展示大明王朝盛世气象，无愧大同皇都龙脉之地，朱桂依仗权势，动用国家财力，大兴土木，建造起了煊赫一时的代王府，并充分利用大同独特的瓷窑火焰，精湛的琉

九龙壁

璃技艺，塑造烧制成了气势宏伟的府前照壁“九龙壁”。清王朝曾派多尔衮屠城大同，惨状惊怖，罪孽深重，却也对云冈石窟作了不少保护，甚至在第6窟留下了4尊皇家泥塑。

二是佛光流照，梵音回荡。大同，曾以佛国龙城扬名于华夏九州，云冈石窟、华严寺、善化寺，不仅都以佛教为神圣主题，而且皆为佛教兴盛的产物，堪称佛教艺术的结晶。佛教肇始于东汉，盛于北魏，影响辽阔而久远，波漾韩国与日本。契丹、女真贵族原都信奉流行于中国北部边地的萨满教，后为扩大对汉族地区的统治，向北魏看齐，转而推崇佛教。华严寺和善化寺，曾经“金铺佛焰，丹漆门楹，供设俨然，粹容赫焕，香灯灿列，钟鼓一新”的气象，虽已被岁月的风雨带走，但昔日崇佛重教、兴弘三宝的景况，尚可通过历史遗存的鉴照，在我们的想象中复原回味。

三是千波一流，独树一帜。大同古代雕塑，特别是云冈石窟雕刻，荟萃世界雕塑艺术之精华，艺术地反映和再现多民族融合的景象，是多民族文化融合的产物。世界雕塑有两大艺术宝库，一个是以希腊为代表的西方雕塑艺术在印度交融生成的犍陀罗、秣陀罗艺术，一个是融会犍陀罗、秣陀罗艺术以及中国西域和中原汉族雕塑艺术而成的云冈石窟造像艺术。大同在北魏时代不仅以皇城雄姿巍然百年，而且以一座多民族血统和多民族文化融合的大熔炉，在中华文明史上熊熊燃烧了一个世纪。而这一炉火的光芒，穿越岁月的云雾，五彩地照耀在辽金时代的原野上。大同华严寺、善化寺以及九龙壁华彩塑像，不仅折射着多民族融合的光影，而且也是多民族文化艺术交响的凝固。仅从表象的一个角度读取，由于各民族的同化，中华儿女的相貌趋近趋同，而云冈大佛和华严寺、善化寺的塑像，魁身宽肩，高鼻阔额，艺术地保留了草原民族独特的风采与模样。

大同古代雕塑具有鲜明的艺术特色——

一是雄奇独特。从云冈石窟到华严寺、善化寺，再到九龙壁，一路赏心悦目地走来，我们无不为视觉的冲击和心灵的震撼所激荡所鼓舞。云冈石窟，若不是史书有证，或许我们会心生疑问，其为人工所雕乎，抑或天神所开？华严寺、善化寺“壮丽严饰，稀世所有”；作为中华民族古老图腾之一的龙，是民族理想的化身，民间吉祥愿望的寄托，《易经》首卦“乾”就有“见龙在田”“飞龙在天”之语。以龙塑壁，塑壁雕龙，从皇宫到民宅，不为罕见。然而大同九龙壁，无论从雕塑时间、体量，到造型艺术，在中国都是首屈一指，可谓龙壁观止。

二是温暖世俗。云冈大佛虽魁伟雄大，撼人心魂，却又神态俗然，亲近

云冈石窟造像之一

亲和。端的是人化之佛，佛化之人。据《魏书》记载，云冈石窟著名的昙曜五窟，就是秉承皇帝旨意，按照北魏五位帝王之身而雕凿的五尊佛像。而“华严寺……内一铜人，衮冕帝王之像，余皆巾帻常服危坐，相传辽帝后像。”（《山西通志》）《辽史·地理志》也说：“清宁八年（1062年）癸未，西京建华严寺，奉安诸帝石像、铜像。”金大定六年（1166年），金主世宗亲临西京，“幸华严寺，观故辽诸帝铜像，诏主僧谨视之”（《金史·世宗纪》）。观华严寺、善化寺菩萨塑像，其或坐或站，或扬手，或合十，适如丁明夷先生所评：“走进殿堂，恍如置身在人群之中，全无一般佛殿中那样静寂、肃穆的感觉。……虽说是佛、菩萨的形象，但她们是人间的‘神化’。生动传神，完全突破宗教造像的拘囿，赋予它们以鲜明的个性。”

三是精美绝伦。云冈造像登峰造极，堪称世界瑰宝；有学者专家评说辽金彩塑，其“比例合乎自然，表情特别生动”，比晋祠圣母殿塑像更佳，是不可多得的艺术精品；九龙壁“金壁艳丽，焕乎如新”，动静相生，旋律悠扬。九条龙于极具夸张的飞爪舞趾、腾云跃水之间，气象万千地照射出神态跃然、栩栩如生的皇家风采，俨然中国成语“活龙活现”的绝妙注释。

大同是中华民族心路历程的一个特殊驿站，是中华文明的一个历史拐点，以其广泛和深入的民族融合为巨大贡献，在中华民族史册里闪耀一笔浓墨重彩的记录。特别是北魏王朝，宗黄帝之根，续秦汉之制；挽东晋之衰，托大唐之盛；统北方之一，融华夏之脉。在中华文明气势磅礴的乐章里，演奏出一曲划时代的强音。版图的伸缩，政权的延更，都不足以拥有民族融合的最后解释权。唯有文化，尤其是核心价值观的趋向认同，才是民族团结、国家统一的终极力量。

大同，不仅是历史文化之都，古代雕塑艺术之都，更是多民族融合之都。大同丰饶的雕塑珍品中，藏着一段激情如火的历史，藏着一个个远去的王朝，鲜活着一个个生龙活虎的游牧民族。从大同古代雕塑艺术的入口进入，我们会领略到一段充满艺术光彩的中华民族历史，发现和找到我们自己昨天的影子。

千秋一镜胡汉月，万古九重大同天。

【胜迹】

游览建议路线

云冈石窟 — 恒山 — 悬空寺 — 雁门关

大同及其周边地区名胜分布示意图

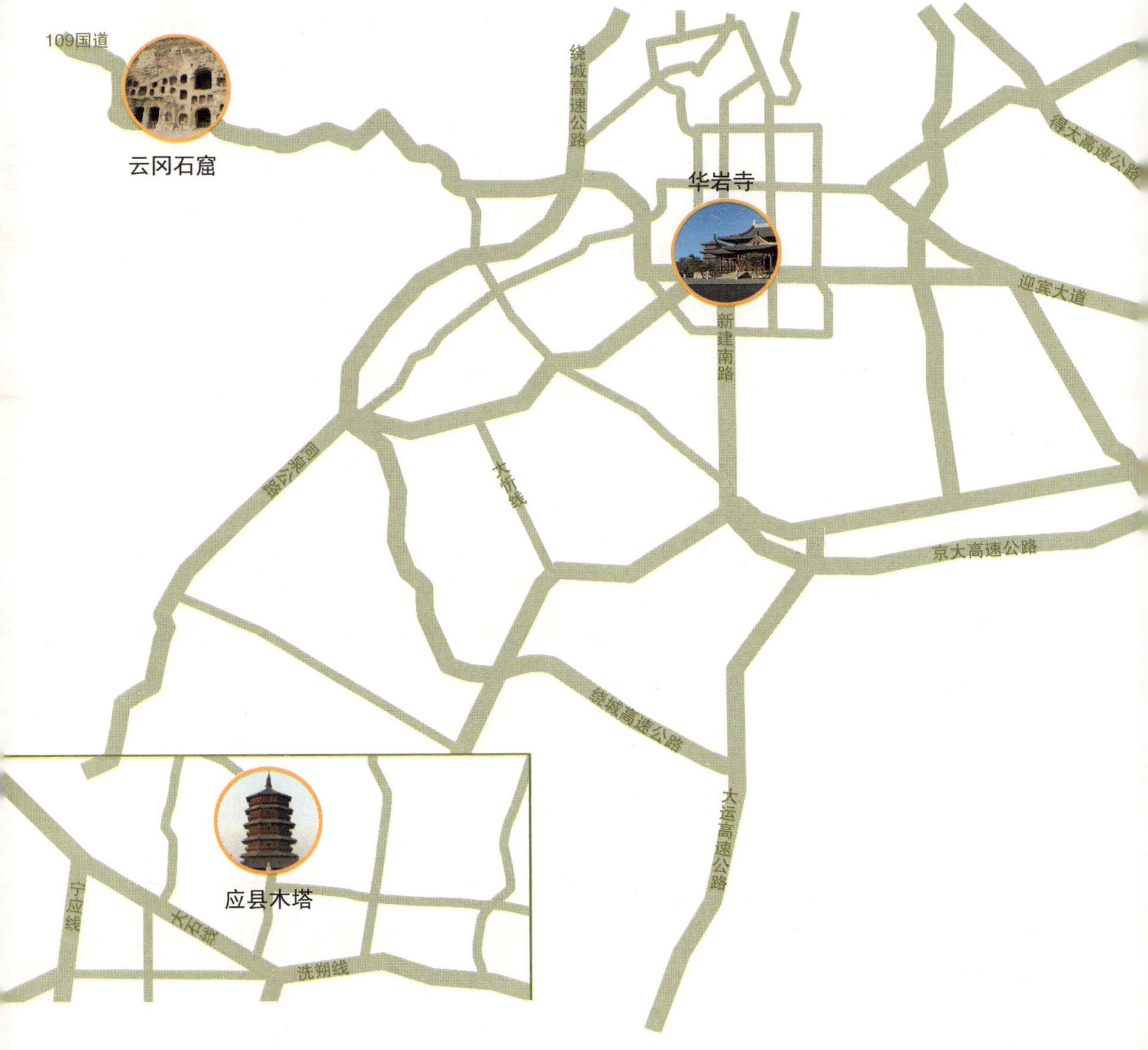

游览云冈石窟

郭沫若

天教微雨为清尘，
来看云冈万佛身。
佛法虚无何足道，
人民万古显精神。

郭沫若 像

题应县木塔

——和赵朴初诗韵

方祖岐

登临赏悟古今风，
极目嵩巅没蔼空。
俯仰人天情不尽，
长留鳞爪伴金龙。

方祖岐 像

雁门太守行

【唐】李　贺

黑云压城城欲摧，甲光向日金鳞开。
角声满天秋色里，塞上胭脂凝夜紫。
半卷红旗临易水，霜重鼓寒声不起。
报君黄金台上意，提携玉龙为君死。
（高中生必背古诗词）

李贺 像

登恒山

【金】元好问

大茂维岳古帝孙，太朴未散真巧存。
乾坤自有灵境在，奠位岂合他山尊。
椒原旌旗白日跃，山界楼观苍烟屯。
谁能借我两黄鹄，长袖一拂元都门。

元好问 像

【名篇】

云冈一片云

◎ 及巨涛

初来时，看云冈也就是一道冈。临别时，方知云冈是一片云。

沿冈脚儿自东而西，我们踏响八月鎏金的正午，去窥探四十五座洞穴，拜望五万一千尊佛神。深知那冈委实厚重，便着意悠悠忽忽地，如一片流云飘然过冈。索性同行者都是遗弃了“使命感”的玩家，是约好不谈艺术，不扯学问的；于是大甩手玩开去，佯作闲云野鹤，也得清趣。

游路尽头处，回首再阅云冈，顿觉所谓“得清趣”者恰属自命清高。越经佛祖的超然、菩萨的恬静、飞天的飘逸，短短的二三里路，已使我们的步履这样沉重。云冈本是一片神佛之林，浏览顾盼其中的，都是你无从躲藏

风蚀城堡→

云冈石窟造像之一

的性灵之树；云冈本是一片洋洋洒洒的天国大文章，说出道来的，却只是人间凡情。正是因为这样我们才无从潇洒。你可以不信佛，也可以无视天国神界的诸般景致，但你又怎能同时离尘于人间且超脱凡情呢？是的，你不是一片云，你浊重得飞不过云冈。

云冈没有香火之盛的。不知是香客们敬不过来，还是佛众们不喜香火。同行的玩家们总算想出点意思来，说那宽衣博带的佛祖少有威灵，衣裙轻盈的菩萨实可亲近，持乐奔舞的飞天又似我辈，“人无敬畏之心，焉生礼佛之举？”是的，云冈的佛众们从不给你精神压迫，也不诱你生涅槃羽化之绮念，而只是让你尽可能地贴近它，以便说一些不足为外人道的私房话儿。善善恶恶，是是非非；一缕灵智，一派天籁。随即，风一样逝去了。这时，你才发现自己竟如香烛般的穆立佛前，情思云冈这样的凝重，而身形却已轻捷了许多。遍访名山大寺以至乡野小庙，你何曾找到过这样的感觉呢？

我说，所谓敬佛之心，礼佛之举，都源自人心的脆弱处，而非佛性如此。云冈的佛众们拒收香火钱，云冈的佛众们栉风沐雨而不塑金身，那正是佛心的自在之处，是一种纯正人格的必然遭际。玩家们笑我违约，我说善哉善哉，出家人不打诳语。于是一片默然。

于是一步一步地折返，细细品味云冈的蕴涵：佛传，本生，因缘；石窟，拱壁，莲台；殿宇，楼阁，塔柱……一千五百多年了，一切都在时光的剥蚀中，斑驳漫漶，所留下的，或许只是恒久的佛心。踱来荡去间，趋退俯仰时，总见云冈的佛在平视着你。但这并不表示着一种平等，而是在询问你有没有平视佛的勇气。你平视了吗？你躲闪了吗？你赧颜了吗？你惊恐了吗？总之你听到了心跳，是你的，也是佛的。佛心无非是人心。

我由此想起，在云冈，在古国中华，佛的被毁往往与人格的沉沦联结在一起。这似乎说明了点什么。我想每一个身心健康的社会或人，当会微笑着面对佛的平实——为他的无嗔无怨，为我的无悔无愧。但要反过来说呢？

我不愿说，只愿为云冈也为我们作最好的祈福。

临别云冈时，看同行的玩家们也都有了心事，沉沉郁郁地，坐化成遍布众佛的云冈。再看云冈，又恍若一片悠悠的云，飘越灵台，飘向天心。

为石头说话

◎ 毕淑敏

2004年夏季的一天，早上从五台山出发，一路大雨，赶到大同的时候，已是中午。说好了下午去看云冈石窟，中午聂还贵送我这本《雕刻在石头上的王朝》，并对我说，云冈的石窟比敦煌的还好。那时我还没有看到云冈石窟，静静地听着，心想当地人对自家这方水土的热爱，可以理解，却未必准确。我一直认为历史的遗物是不能比较的，只能仰视。中国的几大石窟，我差不多都看过了，云冈是最后一个。虽然离着北京近，却很有点“灯下黑”的味道，远处的先去了，近处的倒轻慢了。

那天下午，我终于亲眼看到了云冈石窟，心中被敬畏和感动填满，衷心地承认聂还贵说得很对，这是中国最壮美的石窟。回到宿地，就埋头读他的这本散文集，一直到深夜。然后就生出后悔，觉得应该先读了这本书，再去看云冈石窟，那所见所得，定会更有不同。

云冈石窟是北魏的鲜卑人造的，按照帝王之身造佛，是鲜卑人的发明。唯因有了这创意和创举，就在人和神、佛与帝、虚幻和现实之间用坚硬的石头，架起了千年恢宏的彩虹。流水潺潺，风霜无情，石窟的石像，因为岁月的冲刷，很多已是形象模糊眉眼俱失，不可阻挡地又要隐没回归到石头里去了，然而历史就在这石头的流转更迭之间，留给

我们无尽的谜语和启迪。

云冈石窟

关于北魏，作为搞文学的人，我只知道魏碑的书法和北朝乐府的诗歌，孤陋寡闻。懂得的太少了，真是惭愧。聂还贵说，因为历史主要是汉族人书写的，所以鲜卑的北魏被轻轻地一笔带过。

看了云冈，看了石窟，你必定会惊叹鲜卑这个激情燃烧龙腾虎跃的民族，还有着如花的细致和如水的柔肠。只有强大的国力，才能支撑起塑像雄伟的风骨。只有精巧的手指，才能将草原游牧文明和中原农业文明贯通在流畅的点线之中。北魏承上启下，你看到了石窟，才笃实地相信——这里已经蕴含了盛唐的鼎盛和辉煌。中华民族的融合和遗传，转折和顿挫，都能在云冈石窟中找到基因。

聂还贵的散文主要内容写的是云冈的石窟和北魏的历史，但他的目光和视野，并不仅仅局限在一洞一窟的来龙去脉和有关史料，而是在一个更辽阔更深厚的宏大的历史格局中，阐释和挖掘了它们的意义和深蕴。我十分喜欢书中关于冯太后的篇章。摄政两朝的冯太后是中国历史上的一个女改革家，在她主政时期所造的云冈佛像，更是规模宏大精美超凡。喜欢关于冯太后的那则小故事。晚年的冯太后“性俭素，不好华饰”，一改宫廷内食不厌精、脍不厌细的奢华旧制，清茶淡饭。一次在宫内吃粥，竟然吃出了一只蜻蜓。陪着一同吃饭的孝文帝勃然大怒，厨师吓得跪地求饶。不想冯太后却云淡风轻地说，想必是厨子熬的粥太香了，所以蜻蜓也想来尝一尝……一个细节，已勾勒活了一个人物。

关于云冈，关于石窟，关于北魏，关于中华民族融合和壮大的历史，这是多么美丽和幽远的文学高原啊。聂还贵的散文在这瑰丽的高原上耕耘，开放出鲜艳的花朵。期待他收获更多的花朵和果实。

毕淑敏（1952— ）

国家一级作家，从事医学工作20年后，开始专业写作。作品很多都与医生这个职业有关，1989年加入中国作家协会，代表作品《红处方》。

游云冈日记

◎冰　心

1934年7月12日

十二日晨，晴，阳光极好，大家精神倍爽，早餐后一齐出发。自别墅向西，穿入石佛古寺，先到正殿，入门就觉得冷气侵人，仰视坐佛大像高亦五六丈，在洞外登上四层高楼，又经过一条两块板的横桥，才到大佛的座下。洞中广如巨厦，四壁琳琅，都是小佛像，色彩亦新，是寺僧每日焚香处，反不如他洞之素古可爱。

出寺门向西，到西来第一山、佛籁洞、五佛洞等处。计中段诸洞石刻最完全，有庙宇掩护，不受风日之侵削。自此而西诸窟均沦为民居，土墙隔断，叩门而入，始得窥一二。第七窟佛像之伟大，为全山之最。像系坐形，莲座已湮没土内，两旁侍立之尊者亦璎珞庄

古城墙

云冈石窟远眺

严地露立天空之下。

由大佛像处再向西行，尚经十余窟，或封或启，佛像大小及坐立、扶倚、姿势及窟顶花纹鸟兽等，式样各不相同，亦有未完工者。总计全山石壁东西数里，凡大小九十五窟。佛像高者七十余尺，次亦五六十尺，小则有盈寸者。各石窟高者二百余尺，广者可容三千余人。万亿化身，罗刻满山，鬼斧神工，骇人心目。一如来，一世界，一翼，一蹄，一花，一叶，各具精严，写不胜写，画不胜画。后顾方作无限之留恋，前瞻又引起无量之企求，目不能注，足不能停，如偷儿骤入宝库，神魂丧失，莫知所携，事后追忆亦如梦入天宫，醒后心自知而口不能道，此时方知文字之无用了！

走进窟洞，自山下云冈堡绕回。进怀远、迎曦二门，门上额书为明万历十四年（1586 年）所立。堡内道旁尽是民居土屋，并有“留人小店”。街中朝南有庙名碧霞宫，对面有戏台一座，也是明代建筑。

午餐后少息，下午四时许沿别墅东边之和尚沟上山，山上有田地，并有明万历、清康熙时代之和尚坟三座。向西走入一处土城，为云冈上堡，系明代屯兵之所，今已夷为田圃。再向西走为云冈山顶，有玉皇阁，门窗破损，阒然无人，看钟上款识，为明崇祯末年（1644 年）所铸，钟声初鸣，国祚已改了！

7月13日

晨九时许，微阴，因定下午回大同，因又遍探各窟，作临别之依恋。先向西走尽山末，又回来向东沿河岸行，过刘宋刘孝标译经楼，和云深处、左云交界处的刻石，走到河岸尽处，崖壁峭立，俯视浊流，少憩即归。

午后由云冈巡长和堡中村长率数十民夫，打开东边数窟，使我们得窥一二，只破墙上一部，我们登梯上去，只见到石窟寒泉一洞，中有石柱屹立，上刻佛像，地下有泉水流迹。其余诸洞以时间匆促，因止不发。

下午四时又乘汽车回大同。重过观音堂时阴云已合，大雨骤至！十五分钟之后，便又放晴。而四面是山，山洪四围奔合，与车争路，洪流滔滔，顺山沟倾泻而下，横截山道势如瀑布。河边沙岸为水冲陷，纷纷崩倒，奄然随流而去。我们在一座桥边，暂停了二十分钟，候到水势渐减，方涉水而过。自此一路如在河内乘车，水花四溅，直抵城下。

山西四围是山，稍有雨水，便可成患，由来已久，这也是我们到处出游，看见镇水的铁牛等像的原因。

回站已是黄昏，登上专车，竟如回家一般的欢喜。稍憩进城到“兴华春”晚餐，尝了代酒、汾酒的滋味。饭后有赵司令请大家到电灯公司看电影，系营中俄国技师所摄，有山西骑兵队抗日之战、内长黄绍雄百灵庙之行及五当召等景，茶毕回车已一时许。

冰心（1900–1999）

原名谢婉莹，祖籍福建长乐，生于福州，从1919年9月起，以冰心为笔名写了许多问题小说，如《两个家庭》《斯人独憔悴》《秋风秋雨愁煞人》《去国》等，在社会上引起了较为强烈的反响。1921年加入文学研究会，这时作品多围绕着母爱、童心和自然描述“爱的哲学”，代表作有《超人》《烦闷》等。1920年开始，受泰戈尔《飞鸟集》的影响，又写出了短诗集《繁星》和《春水》，为文坛瞩目。

【今作】

朝圣：追寻梁思成林徽因的路

◎ 韩石山

应县木塔—— 中国的“比萨斜塔”，寻找它，体现了一个科学家的灵感。

我们的最后一站，恰是当年梁、林二位作山西古建筑考察的第一站。当然还得加上大同的华严寺和云冈石窟。

此塔的全名应是佛宫寺释伽塔。建于辽代清宁二年（1056 年），是现存最古的木塔。塔身总高 67.13 米，底层直径 30.27 米，平面八角，外观六檐五层（底层为双檐），各层间夹设暗层，实为九层。各层屋檐上，有挑出的平座与走廊，可供凭览。若是一座砖塔，也就平淡无奇了，奇就奇在它是全木结构，没有一块砖石（除了底层的土墙）。塔上所用斗拱式样繁多，竟有六十余种，规格与变化之多，举世少见。这样雄壮华丽而又细部精巧的木塔，不光是我国，也是世界上木结构建筑的杰作。

应县木塔

我感兴趣的则是梁思成寻访这座木塔的故事。是一个科学家的精细，更多的却是一个文学家的灵感——20 世纪 40 年代，梁思成真的获得过美国普林斯顿大学名誉文学博士学位。

沧州狮子应州塔，
正定菩萨赵州桥。

这是当年华北一带流传的民谣。狮子、菩萨他不感兴趣，而塔和桥，则是他关注的对象。正是从这则民谣中，他知道山西的应县有一座名塔。究竟是怎样的形制，万一去了只是一座清代的建筑呢，聪明人自有聪明的办法，他给应县邮政局去了封信——哪个县会没有邮政局呢——让“试投山西应县最高等照相馆”，提出自己的要求，希望得到一张应州塔的照片。当然他会付钱的。没多久，真的回信了，是山西应县 ×× 斋照相馆。信中附了一张清晰的木塔的照片。主人不要钱，只要些北平的信纸和信笺作酬金。（大概就是去年，我在《太原晚报》上曾看到一篇文章，写的是应县这个照相馆主人的事，附着一张应县木塔的照片，旁边的题词上有照相馆的名字。）

这次考察，是以营造学社的名义进行的。主要目的是考察大同的华严寺和善化寺，工作进行得很顺利，因此节约了时间。

林徽因顺便考察了云冈石窟，梁思成和莫宗江来到应县。此时林徽因考察完云冈石窟已回到北平。见到应县木塔后，梁在给妻子的信中不无遗憾地说：“塔身之大，实在惊人。每面三开间，八面完全同样。我的第一感触，便是可惜你不在此同我享此眼福，不然我真不知道你要几体投地的倾倒！”

这塔真是个独一无二的伟大作品。不见此塔，不知木构的可能性到了什么程度。我佩服极了，佩服建筑这塔的时代，和那时代里不知名的大建筑师，不知名的匠人。

接下来，我们应去大同和云冈，去看华严寺和云冈石窟。只有这样才算是真的追寻了梁、林二位建筑大师的足迹。但我是再也不去了。华严寺和云冈，我去过三四次了。

那就不写了，让读者留下足够的空间去想象吧，山西的古建筑，就是写一本书也写不完的。实则我知道，华严寺和云冈石窟，知道的人甚多，就是不写也没有什么。

塞外听鼓

◎ 程步涛

鼓声是在落日刚贴上山脊时响起来的。刹那间那团橘红色的火团仿佛停在垭口上不再往下滑落了，直到鼓曲临近尾声时才依依不舍地隐于山后。

天黑了下来，鼓声依然热烈，曲目也换了，是《大破天门阵》。铿铿锵锵的鼓声、锣声、镲声、水钹声、梆子声，把1000年前那场惨烈的战争表现得淋漓尽致。鼓曲结束了，我却没有能从鼓曲所表达的意境里走出来。隐隐地，远处有人在喊山西梆子，那唱腔高亢无比，听不清词，但传导的情绪与方才的演奏极其和谐。满脸汗水的战士开始收拾场地和家什，我走到近前，轻轻抚摸在湿漉漉的夜色中微微有些发湿的鼓面，手指下竟涌流着一片沙沙的震动。

鼓乐演奏现场

于这沙沙的震动中，羌笛、胡笳、嘈杂的马蹄声、呐喊声，又一次将历史的帷幕撩开，我知道，今晚怕是再也无法入睡了。

雁门关山

这是春末在大同郊外的某部营区。大同是塞外重镇，地处山西外长城以南，北魏初期曾在此建都，其间创造的文化与经济的繁荣特别是宗教文化的繁荣，在中国历史上占据了重要一页。辉煌程度，在云冈石窟，尽可得到无穷的想象。那天下午，我曾在云冈逐个地观看每一个窟洞，感喟1600多年前近乎鬼斧神工的造像艺术之精妙。只是那石窟中千姿百态的造像很快便淡去了，现在，不，自打这鼓乐声在夜幕中响起，满脑子是厮杀得天昏地暗的千军万马，是终陷杨继业于绝境的陈家谷口。那杨继业（即杨业）原是北汉刘崇手下的一位能征善战的节度使，归宋后于雁门关大破契丹守军。公元986年，宋军北进，杨继业率西路军连收云、应、寰、朔四州。岂料东路军在河北战败，杨继业奉命护送四州百姓撤退，途遇契丹大军。主帅潘仁美（即潘美）令其出战，杨继业明知不敌仍奋力搏杀，重伤被俘，绝食而死。后人据此演绎出一部传诵至今的《杨家将》来。只是编撰人在这部章回小说中将杨继业改写成在金沙滩撞碑而成义，杨家人满门忠烈，连烧火丫头都上阵杀敌，那佘老太君百岁时还挂帅出征，让后人好不景仰。1000多年过去，那战场如今是个什么模样？十多年前，我曾驱车路过附近，也是夜晚，同车人说起，金沙滩距此只有数里之遥。我想绕道看上一看，感受一下回荡在古战场上的震天动地，想拨开岁月的浮尘，看看可否寻见箭矢残羽、铁甲断片，犹豫之际，车已拐上另一条路，想着以后还有机会，也就罢了。十多年过去，金沙滩一念始终未能如愿，不料，却在这塞外听到这阕鼓曲。

鼓，自古以来便与军旅生涯紧紧联系在一起。出征助阵，鼙鼓相随。战罢归营，鼓角高奏。当隆隆鼓声使大地震颤起来时，一腔血也便沸腾起来。而那赤子之心、报国之志，就在这一时刻化作拍天裂岸的惊涛，撕破浓雾阴云的闪电，生命的意义和价值升华到一种崭新的境地。我曾目睹过大军出征万人相送的场面，那热烈的鼓声把一座小小的县城敲打成一团火，乡亲们大

寺庙佛钟

把大把地往队列中抛撒鲜花，队伍都走得看不见了，鼓声仍铿铿锵锵地敲打着，仿佛要一直等到战士们归来似的。

其实，不光是军人对鼓声情有独钟，寻常百姓也同样。“闻鼙鼓而思良将”，怕不只是帝王之思吧？硝烟弥漫，马蹄踏过，鲜血浸过，谁不希望能征的将军率领善战的士兵！谁不希望有一面胜利的旗帜高高飘扬！对“一将功成万骨枯”这一诗句，人们附上了过多的阶级意识，“功成”是胜利，“骨枯”是代价。一个战败的民族,100年也难挺直腰杆。要不，1949年9月30日，毛泽东为天安门广场上的人民英雄纪念碑题写碑文时，怎么会写道：“由此上溯到1840年，从那时起，为了反对内外敌人，争取民族独立和人民自由幸福，在历次斗争中牺牲的人民英雄们永垂不朽！”

让我惊奇不已的是这支鼓乐队表演的不是通常意义上的锣鼓。通常的锣鼓在偌大的中国，任何一地任何一群人操起家伙都可以敲打一番。也不是这些年常在电视上看到的由成百上千名精壮汉子奋力击打的威风锣鼓、安塞腰鼓。这支鼓乐队的击打是一种演奏，而且是严格意义上的演奏。鼓、镲、锣、钹大小各异，声音高中低不同，而且各有各的曲谱，有一指挥站在当中，像指挥一支交响乐队一般。孰强孰弱，孰重孰轻，是由指挥的手势决定的。我最欣赏的是那只梆子，锣鼓渐弱，梆子声渐强，清脆响亮，雨点般让人感受一种激烈与振荡。就在梆子声激越得接近爆裂的时候，锣鼓镲钹轰轰隆隆如雷声大作，把山摇地震般的战争气势表现得淋漓尽致。那天，战士们还演奏了几支民间鼓曲，有春播的期望，有秋收的热烈，有农闲的散漫，有节日的嬉戏，几件普通的打击乐器竟然被战士们赋予如此丰富的表现力。鼓乐

巨佛

鼓乐演奏现场

队的指挥是一位士官，开始时，和任何一支乐队的指挥无二，只是手势略有些发僵。但是，到了鼓曲激烈处，他的整个肢体全动了起来，腾、跳、挪、闪，全然成了一位出色的舞蹈演员。每一个演奏员的情绪都被他圆满地调动起来，鼓乐声中跳动着一群潇洒的精灵，天、地、人合一，让你感慨万端。我向部队领导询问，如何组建了这样一支鼓乐队，不料却听到一个近似传奇的故事。

一位童颜皓首的老者，带着一身鼓乐绝技在雁北游历，他到过工厂也到过矿山，到过企业也到过学校，他到过的单位都为老者的技艺所折服，都组织了鼓乐队交老者训练，但不久，老者就摇摇头离开了，给这些单位留下了不大不小的遗憾。最后，老者走进了军营。于是，有了这支鼓乐队，流传了数百年的民间鼓曲复活了。老者并不要什么报酬，他要的是能将他的一身技艺继承下来的人。如今，这支鼓乐队不仅名震塞北，而且时常被邀请参加一些庆典，节假日更是军营不可或缺的一项活动内容。老兵走了，新兵来了，鼓乐却在这支部队扎下了根，鼓乐成为指战员精神生活的一个组成部分。

介绍完这些，部队领导说，有些巧合。我说，不，这鼓乐天生就该和军旅生涯结伴。

写完这篇短文时，天已近傍晚，隐隐约约听见一阵时紧时密的鼓乐声从遥远的天边传来。按说，听见一阵鼓声实不足怪，但我总觉得是从塞外传来的，拿起电话，拨通了大同。果然，鼓乐队正在演奏，电话里清晰地传来雨点般高亢的梆子声。天人感应，天人感应。放下电话，我自言自语连说了两遍。

唐风晋韵现盛世

太原

【图说】

“天王三京，北都居一。”“雄藩剧镇，非贤莫居。”太原是一座具有 2500 多年悠久历史的中华古城，以其悠久的历史、灿烂的文化、丰富的资源而闻名天下。

太原曾是九个封建政权的都城，同时又是历朝历代的军事重镇，古称“晋阳”，又有“北都”“龙城”“锦绣太原城”等美誉。现为山西省省会，简称并。

从人文环境来说，太原自古处于华夏民族与草原民族交往和冲突的中心地带。在这样的历史环境下，太原一带“人性劲悍，习于戎马”，形成了尚武、强悍、侠义的民风。

悠久的历史给太原留下了众多名胜古迹，较为著名的有晋祠、天龙山石窟、永祚寺、纯阳宫、崇善寺、窦大夫祠等国家级重点文物保护单位 13 处和省级重点文物保护单位 32 处，被评为国家园林城市。

【走读】

名都自古是并州

◎朱　娜

我对太原的了解，其实并不算多。第一次接触太原，大约应当追溯到小时候听郭兰英的《人说山西好风光》。歌唱家清甜圆润的嗓音，加上民歌婉转流畅的风味，使得太原这片“地肥水美五谷香”的热土，在我心中幻化成为一位扎长辫、着花袄、肤色黑红健康的乡村少女。长大之后，对许多城市都心存向往，繁华现代如北京、上海，风景醉人如杭州、桂林，古韵悠然如南京、西安。中国的城市万万千，如同一位位淡妆浓抹的名媛，虽风格各异，却都让人意乱情迷，魂牵梦萦。太原，从来都不在向往之列。她不善修饰，少言寡语，拿得出手的似乎只有黑乎乎的煤矿和酸溜溜的陈醋，也总难登大雅之堂。在看客眼中，她是那最不起眼

鸟瞰晋祠

的小妹，躲在墙角看姐姐们争奇斗艳，自己却连露脸的机会也没有。

难老泉

从来不曾想过，她居然也是从历史中翩然走来，她居然也有过这样辉煌灿烂的文化。唐尧故地，万千华夏子女引以为傲的大唐盛世居然名由她始；两千五百多年的建城史，泱泱中华五千年文明的盛衰浮沉她居然参与了多半；九个封建政权的都城，历来的雄藩重镇，贤臣名将辈出，使她平添了许多豪迈和悲壮；文人墨客荟萃，少不了的诗画风流，又给她笼上几许妩媚与多情。

原来，是我一直误解了她。她不是唱着山歌的烂漫少女，而是真正的名门之后，仪态万方。她蒙着轻纱从历史的烟尘中款款走出，经过那样多的沧海桑田，人事沉浮。跨越历史长河的艰辛跋涉，使她的衣饰不再华美，使她的声音不再甜美，但是雍容的气度不会丢，满腹的才情不会少。她只是骄傲，骄傲地不肯将自己的风情展示于人前，骄傲地等待着属于自己的钟子期。我愿成为她的钟子期，向世人诉说她的美。

太原，古称“晋阳”。古体的“晋”字，犹如插着弓箭的箭袋。远古时期，这里位于中原和草原的交错地带，人们素有崇武尚箭之风，故而把自己的居住地命名为“晋”，境内有水，自然为“晋水”。晋水之北崛起城市以后，依照古老的惯例，山南水北谓之阳，“晋阳”之名应运而生。

山河来天地，人物变古今。观离合而兴怀，谈盛衰而吊往。古城晋阳哺育出的千古风流人物，与她的名号一样壮怀激烈，荡气回肠。

春秋时期，晋国大夫窦犨，贤德仁义，视死如归，昭示了君王为人为政的基本原则；死士豫让，狷介刚烈，无畏无惧，只为向世人诠释知恩图报的深刻内涵；战国名将赵奢、李牧、廉颇，更是人中豪杰，个个魄力非常。汉文帝刘恒，大业由太原始，开启了汉王朝前所未有的鼎盛局面“文景之治”，千古流芳。西晋时孤胆英雄刘琨，闻鸡起舞，死守晋阳，最终英雄饮恨，可叹可敬。

难老泉

在这些仁人志士中，最杰出的当然是“太原公子”李世民。当年的李世民，面对苇泽关外狼烟四起、群雄争霸的场面，汾河两岸仙楼耸峙、气象万千的景致，心中勃发起万丈豪情。因了太原，他的雄韬伟略、经世才干喷薄而出，惠泽中华大地。因了他，太原城也备受瞩目，永载史册。大诗人李白游历太原时曾写下这样的千古名句：“天王三京，北都居一。其风俗远，盖陶唐氏之人欤？襟四塞之要冲，控五原之都邑。雄藩剧镇，非贤莫居。”所谓贤城与贤人的相得益彰，大抵如此吧！

太原城经历了这样多的历史激荡，孕育了如此多的英雄豪杰，却并没有变得粗犷不堪，只因她是傍水而生的城市。“临汾水而濯心”——太原的文人们在汾水的洗濯下，心灵澄澈，妙笔生花。曾有人开玩笑说，太原诗人支撑起了半部《全唐诗》。话虽有些夸张，却不无道理。王维、王之涣、白居易、王昌龄、温庭筠、米芾、元好问、白朴……无一不在中华文化史上留下了浓墨重彩的篇章。

王维，是唐代中国诗人中的性灵派大师，更是传统文化的灵魂之一。他的一生跌宕起伏，充满传奇色彩。他的山水诗，被后人奉为山水诗中的极品，有一种阅尽人生、返璞归真的沧桑感；他的画，更是被尊为文人画的鼻祖。苏东坡曾评价其“诗中有画，画中有诗”。盛唐诗人王之涣，一首五言绝句《登鹳雀楼》成为唐代五言诗的压卷之作。“欲穷千里目，更上一层楼”，名垂千古，妇孺皆知。太原白乐天，“肯把黄金买白诗”，继承白话传统，抒发人文情怀，故而成就了《琵琶行》《长恨歌》这样重比黄金的优秀篇章。“金元诗冠”元好问，以诗论史，以史入诗，反映太原的兴衰荣辱，是一位“雄浑高雅、博古通今”的大诗人。元曲大家白朴，一生创作数十部杂剧，是中国文学史上演绎爱情故事的大家……太原，将她的灵性毫不吝啬地赠与她的子女，传承着中华古老文化的悠悠血脉。

不知不觉间，太原已经在历史中行进了两千五百年，这是多么久远而又沧桑的岁月。两千五百年的太原，她的兴衰史，竟然与中华民族的兴衰荣辱惊人地合拍，可以说古城太原是古老中国最好的缩影。两千五百年的太原，随着历史的车轮行进到今天，却少了豪迈与霸气，多了沉默与无奈。但，纵是沉默，也掩饰不了她眸中的坚韧与灵动。

鱼沼

宋代词人沈唐曾留词《望海潮·上太原知府王君贶书》：“山光凝翠，川容如画，名都自古并州。萧鼓沸天，弓刀似水，连营十万貔貅。金骑走长楸，少年人一一，锦带吴钩。路入榆关，雁飞汾水，正宜秋。追思昔日风流。有儒将醉吟，才子狂游。松偃旧亭，城高故国，空余舞榭歌楼。方面倚贤侯，便恐为霖雨，归去难留。好向西溪，恣携弦管宴兰舟。”两千五百年的太原，你的内心深处是不是还时刻描画着自己昔日的风姿绰约，怀念儒将才子云集的似锦年华？

太原形胜在历史，太原灵脉在人文。太原，她从历史中走来，洗尽铅华；她必将继续走进历史，上演一幕又一幕盛世传奇。

【胜迹】

游览建议路线

晋祠　天龙山石窟　龙山石窟　永祚寺双塔　纯阳宫

太原及其周边地区名胜分布示意图

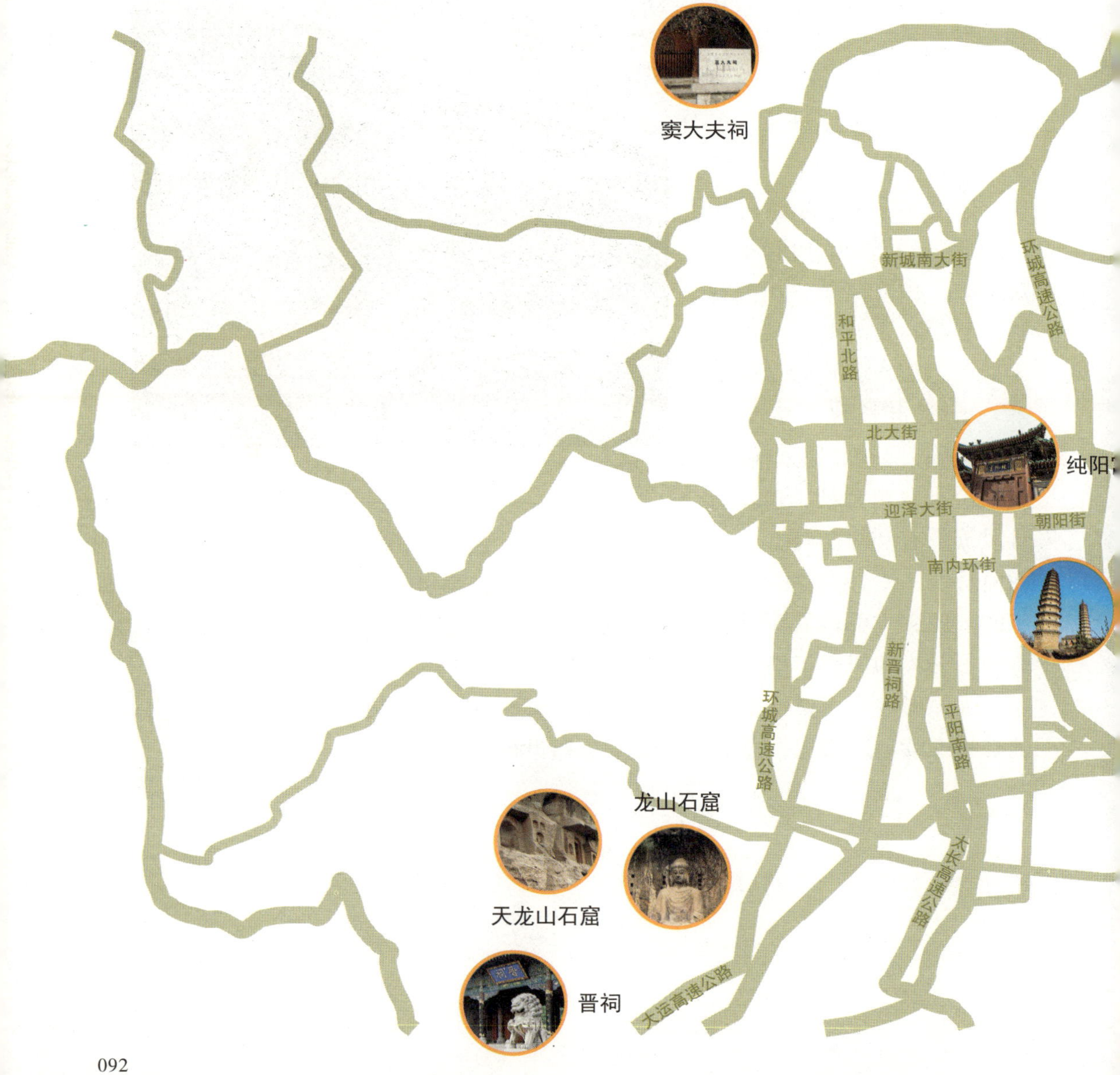

渡桑干

【唐】贾　岛

客舍并州已十霜，归心日夜忆咸阳。
无端更渡桑干水，却望并州是故乡。
（高中生必背古诗词）

贾岛 像

晋　祠

【宋】欧阳修

古城南出十里间，鸣渠夹路何潺潺。
行人望祠下马谒，退即祠下窥水源。
地灵草木得余润，郁郁古柏含苍烟。
并州自古事豪侠，战争五代几百年。
天开地辟真主出，犹须再驾方凯旋。
顽民尽迁高垒削，秋草自绿埋空垣。
并人昔游晋水上，清镜照耀涵朱颜。
晋水今入并州里，稻花漠漠浇平田。
废兴仿佛无旧老，气象寂寞余山川。
唯存祖宗圣功业，干戈象舞被管弦。
我来览登为叹息，暂照白发临清泉。
鸟啼人去庙门阖，还有山月来娟娟。

欧阳修 像

并州道中

【唐】杜　牧

行役我方倦，苦吟谁复闻。
戍楼春带雪，边角暮吹云。
极目无人迹，回头送雁群。
如何遣公子，高卧醉醺醺。

杜牧 像

太原早秋

【唐】李　白

岁落众芳歇，时当大火流。
霜威出塞早，云色渡河秋。
梦绕边城月，心飞故国楼。
思归若汾水，无日不悠悠。

李白 像

【名篇】

难老泉

◎ 吴伯箫

当铺，钱号，窄轨道，已经随着土皇帝的覆灭最后湮没了；煤炭，汾酒，老醋，却在人民的生活里广泛散发着热力和芳香。山西是个宝地，太行山、吕梁山像两只巨大的臂膀从东西两面环抱着它；黄河、汾河像两条鲜血流注的动脉滋润着它。谷物和矿藏显示着大地的富饶，抗日战争的业绩歌颂着人民的英勇。这里的高山、密林，城镇、村落，哪里没写过可歌可泣的故事呢？二十几年前在游击队里跟这个地区建立起来的血肉感情，现在依然是炽热的。像回故乡一样，带着浓挚的怀想我们踏进了山西。

山西的省会太原，是一座古老的美丽的城市。滚滚的汾河从城西流过。东有东山，西有

难老泉匾额

西山，北有卧虎，南有鸡笼，太原正好坐落在一个肥沃的盆地里。城里一片黑瓦房，密密匝匝，处处是高墙深巷，几进的庭院。不过比起解放后的新建设来，旧城显得太局促了。在宏伟的建设规模里，旧城只能算一个小小的角落。新建设中，不说别的，只城外一条宽阔的迎泽路，两旁就都是四层五层的高楼。迎泽路向西延伸，横跨汾河是一座十八个桥墩的迎泽桥，桥又宽又平，一直伸到西山脚下。这里矗立着多少厂矿的烟囱，浓烟弥漫，告诉人新兴的工业是多么发达；街街巷巷熙来攘往的人群，有说有笑，呈现着一种繁荣的景象，欢乐的气氛。

过迎泽桥向南，沿西山山麓走五十里，是晋祠。在晋祠，我们访问了“难老泉”。

“难老泉”，听听名字就给人一种年轻的感觉。不必看见，就仿佛已经看见了。那喷涌的水源，那长流的碧波，永远是活泼泼的，青春常在的。在《滕王阁序》里王勃慨叹说“冯唐易老，李广难封”，比较起来，这难老泉实在值得叫人赞赏羡慕。

难老泉

泉，论历史，实际倒是很老的。从地质考察，据说有两万万年或者三万万年呢。据文字记载，“难老泉”是晋水的主要源头，古时候的晋国因晋水得名。晋国若是从“桐叶封弟”说起，到现在也该有三千多年了吧。“桐叶封弟”的故事，历史传说是这样的：

西周初年，武王姬发死后，他的大儿子姬诵还很小，就由周公姬旦扶助做了国君，就是成王。有一天，姬诵和弟弟叔虞在一块儿玩，他把一个桐叶剪成圭形，送给叔虞说：“我拿这封你吧。”叔虞把这件事告诉了周公，周公就问姬诵：“你要封叔虞吗？”姬诵说：“我是跟弟弟说着玩的。”周公说：“天子无戏言。”于是姬诵就把叔虞封为唐的诸侯。叔虞到了唐，发挥了自己的智慧和才能，领导人民改良农田，兴修水利，发展农业，使人民生活逐渐安定富裕，就成为唐人爱戴的封建领主。

叔虞死后，他的儿子燮，因为境内有晋水，就改国号为“晋”。山西简称晋，就是从这里来的。后人为了纪念叔虞，在晋水源头建立了一座庙供奉他，这就是“晋祠”。

晋祠坐西向东，前临曲沼，后拥危峰，水秀山明，风景是很幽美的。郦

道元的《水经注》记载："沼西际山枕水，有唐叔虞祠。"看来晋祠在北魏以前就有了。当初也许规模并不很大，经过北齐高欢父子在这里起楼阁、筑池馆；唐太宗李世民亲自写了《晋祠之铭并序》碑；宋仁宗赵祯又在晋祠西端为叔虞的母亲邑姜修了宏伟壮丽的圣母殿，一代一代重修增建，现在已经成了一组祠庙建筑群。里边殿堂楼阁，亭台桥坊，足有三百多项名胜古迹。像"鱼沼飞架""莲池映月""双桥挂雪"，每一种景物都各具形势，各有特色，引人入胜。其中"晋词三绝"，更深深吸引着游人的欣赏和流连。

"晋词三绝"，一绝是"宋塑侍女"。在圣母殿里围绕着邑姜凤冠霞帔的坐像，有四十四尊侍女塑像，据说是宋朝的作品。塑像塑得精致、细腻，一个个都像活的。虽然身体的丰满俊美，脸形的清秀圆润，神态的婉约自然，都有共同的地方，但是四十四尊四十四个样子。有的像在沉思，有的像在凝视，有的像在缓歌徐吟，有的像在低声细语，还有的微笑，有的轻颦……衣裳、服饰、颜色，一切都那样逼真。走近去，你仿佛会听见她们说笑的声音，会感觉到她们呼吸的温馨。

晋祠柏

二绝是“古柏齐年”。传说西周初年这里栽有两株柏树，因为同样古老，所以叫“齐年柏”。可惜有一株在清朝道光年间被砍伐了。剩下的一株，横卧如虬龙斜倚在擎天柏上，披覆在圣母殿左侧。另有一株“长龄柏”，传说是东周时候栽的。

三绝就是“难老泉”。“难老泉”的来历，有一个美丽动人的故事：

传说在晋祠北边二十里地的金胜村，有一个姓柳的姑娘，嫁到了晋祠所在地的古唐村。她婆婆虐待她，一直不让她回娘家，每天都叫她担水。水源离家很远，一天只能担一趟。婆婆又有一种脾气，只喝身前一桶的水，故意增加担水的困难，不许换肩，折磨她。有一天，柳氏担水走到半路上，遇到一个牵马的老人，要用她担的水饮马。老人满脸风尘，看样子是远路来的，柳氏就毫不迟疑地答应了，把后一桶水送给了马。可是马仿佛渴极了，喝完后一桶水连前一桶水也喝了。这使柳氏很为难：再担一趟吧，看看天色将晚，往返已经来不及了；不担吧，挑着空桶回家，一定要挨婆婆的辱骂、鞭挞。正在踌躇的时候，老人给了柳氏一根马鞭，叫她带回家去，只要把马鞭在瓮里抽一下，水就会自然涌出，涨得满瓮。转眼老人和马都不见了。

柳氏提心吊胆地回到家，试试办法，果然应验。以后她就再也不担水了。婆婆见柳氏很久不担水，可是瓮里却总是满的，很奇怪。叫小姑去看，发现了抽鞭的秘密。又有一天，婆婆破天荒允许柳氏回娘家，小姑拿马鞭在瓮里乱抽一阵，水就汹涌喷出，溢流不止。小姑慌了，立刻跑到金胜村找柳氏。柳氏正梳头，没等梳完，就急忙把一绺头发往嘴里一咬，一气跑回古唐村，什么话没说，一下就坐在瓮上。从此，水从柳氏身下源源不断地流出，流了千年万年，这就是“难老泉”。

这故事的题目叫作《饮马抽鞭，柳氏坐瓮》。晋祠背后的山叫悬瓮山，《山海经》里说：“悬瓮之山，晋水出焉。”这大概就是“柳氏坐瓮”的根源。泉水从一丈深的石岩里涌出来，真有点像从瓮里涌出的样子。水的流量不小，一秒钟一点八吨。流水永远不停，雨涝不增，天旱不减。水微温，通常是十八摄氏度。泉水澄清碧绿，像泻玉泼翠一样。李白游晋祠曾题诗说：“晋祠流水如碧玉”“百尺清潭写翠娥”。可以想见它的美丽。这道泉水，和“鱼沼泉”“善利泉”，汇成晋水南北两渠。除了供应居民食用，还可以灌溉三万亩农田，开动一百盘水磨。范仲淹游晋祠曾赞美说：“千家溉禾稻，满目江乡田。”

从“难老泉”向前走几步，有水潭叫“不系舟”。水潭四周用汉白玉低栏围成船的样子，因此得名。潭水冬温夏凉，寒天水汽蒸腾，像云雾一样。水面有浮萍，潭底有水草，都冬夏常青。长长的水草随着流水波动，像风吹麦浪，

荡漾起伏。有人题诗说:“涓涓难老泉,分流晋祠侧。中有长生萍,冬夏常一色。”水潭中间是“中流砥柱”,也有一个令人惊心动魄的传说:

几百年前,这里南北两渠的农民,由于地主、土豪的挑拨,经常为争水互斗。天越旱,斗得越厉害。后来官府设下毒计,说要“调解”纠纷,就在潭边支一口滚沸的油锅,锅里放十枚铜钱,说:哪方有人能当众从锅里取出几枚铜钱,以后就分几分水量,判定之后,永免争执。这时候,从北渠的人群里,走出了一个青年,他勇敢地伸手从油锅里取出了七枚铜钱,于是北渠的农民就永远得七分水量。可是那青年受烫伤过重,当场死去了!

青年姓张,是晋祠山边花塔村人,人们称他为张郎。北渠的群众为了纪念他,就把他的尸骨埋在了“中流砥柱”下面。为了分水,在砥柱东面筑了一道石堤,在堤腰凿了十孔圆洞,南三北七。在东堤又筑了一道人字堰,作为南北两渠的分水岭,以免出堤后水流混合。

现在,不管南渠北渠,人民是一家。地成大块,水也统一调度。一边供应新建的热电厂用水,一边浇灌一千顷稻田。

一手是工,一手是农,晋水的无限潜力得到充分发挥了。这里边有更多的人用水力再创造的力量。

1956年初秋,我们一天经历了30个世纪,欣赏了晋祠那样丰富的文物古迹。当我们出“对越坊”,沿“智伯渠”往回走的时候,回头看参天古木掩映下的楼台殿阁,看果树林株株都满挂着累累的果实。右边十里稻花,左边烟囱入云,实在是兴奋。但是最难忘的还是“难老泉”。

到现在五个年头过去了,“永锡难老”,记忆还是新的。

吴伯箫(1906–1982)

原名熙成,笔名山屋、山荪,是我国当代著名文学家和教育家。他的作品主要收集在《羽书》《黑红点》《北极星》《忘年》《吴伯箫散文集》中。散文《南泥湾》《一坛血》《记一辆纺车》《菜园小记》《我没见过长城》等,以其真挚深厚的情感,朴实动人的描绘,严谨缜密的结构,清丽洗练的语言,赢得人们的喜爱。

晋　祠

◎梁　衡

出太原西南行五十里，有一座山名“悬瓮”。山上原有巨石，如瓮倒悬。山脚有泉水涌出，就是有名的晋水。在这山下水旁，参天古木中林立着百余座殿、堂、楼、阁，亭、台、桥、榭。绿水碧波绕回廊而鸣奏，红墙黄瓦随树影而闪烁，悠久的历史文物与优美的自然风景，浑然一体，这就是古晋名胜晋祠。

西周时，年幼的成王姬诵即位，一日与其弟姬虞在院中玩耍，随手拾起一片落地的桐叶，剪成玉圭形，说：“把这个圭给你，封你为唐国诸侯。”天子无戏言，于是其弟长大后便来到当时的唐国，即现在的山西做了诸侯。《史记》称此为“剪桐封弟”。姬虞后来兴修水利，唐国人民安居乐业。后其子继位，因境内有晋水，便改唐国为晋国。人们缅怀姬虞的功绩，

晋祠

便在这悬瓮山下修一所祠堂来祀奉他，后人称为晋祠。

晋祠之美，在山美、树美、水美。

这里的山，巍巍的如一道屏障，长长的又如伸开的两臂，将这处秀丽的古迹拥在怀中。春日，黄花满山，径幽而香远；秋来，草木郁郁，天高而水清，无论何时拾级登山，探古洞，访亭阁，都情悦神爽。古祠设在这绵绵的苍山中，恰如淑女半遮琵琶，娇羞迷人。

这里的树，以古老苍劲见长。有两棵老树，一曰周柏，一曰唐槐。那周柏，树干劲直，树皮开裂，冠顶挑着几根青青的疏枝，偃卧于石阶旁，宛如老者说古；那唐槐，腰粗三围，苍枝屈虬，老干上却发出一簇簇柔条，绿叶如盖，微风拂动，一派鹤发童颜的仙人风度。其余水边殿外的松、柏、槐、柳，无不显出沧桑几度的风骨，人游其间，总有一种缅古思昔的肃然之情。也有造型奇特的，如圣母殿前的左扭柏，拔地而起，直冲云霄，它的树皮却一齐向左边拧去，一圈一圈，纹丝不乱，像地下旋起了一股烟，又似天上垂下了一根绳。其余有的偃如老妪负水，有的挺如壮士托天，不一而足。祠在古木的荫护下，显得分外幽静、典雅。

木雕盘龙之一

这里的水，多、清、静、柔。在园内信步，那里一泓深潭，这里一条小渠。桥下有河，亭中有井，路边有溪，石间有细流脉脉，如线如缕；林中有碧波闪闪，如锦如缎。这么多的水，又不知是从哪里冒出的，叮叮咚咚，只闻佩环齐鸣，却找不到一处泉眼，原来不是藏在殿下，就是隐于亭后。更可爱的是水清得让人叫绝。无论多深的渠、潭、井，只要光线好，游鱼、碎石，纹丝可见。而水势又不大，清清的波，将长长的草蔓拉成一缕缕的丝，铺在河底，挂在岸边，合着那些金鱼、青苔、玉栏倒影，织成了一条条的大飘带，穿亭绕榭，冉冉不绝。当年李白至此，曾赞叹道："晋祠流水如碧玉""百尺清潭写翠娥"。你沿着水去赏那亭台楼阁，时常会发出这样的感慨：怕这几百间建筑都是在水上漂着的吧！

然而，最美的还是祖先留给我们的古代文化。这里保存着我国古建筑的"三绝"。

一是圣母殿。这是全祠的主殿，是为虞侯的母亲邑姜所修的。建于宋天圣年间，重修于宋崇宁元年（1102 年），距今已有 880 年（本文发表于 1982 年，编者注）。殿外有一周围廊，是我国古建筑中现在能找到的最早实例。殿内宽七间、深六间，极宽敞，却无一根柱子。原来屋架全靠墙外回廊上的木柱支撑。廊柱略向内倾，四角高挑，形成飞檐。屋顶黄绿琉璃瓦相扣，远看飞阁流丹，气势雄伟。殿堂内宋代泥塑的圣母及四十多尊侍女，是我国现存宋塑中的珍品。她们或梳妆、洒扫，或奏乐、歌舞，形态各异。人物形体丰满俊俏，面貌清秀圆润，眼神专注，衣纹流畅，匠心之巧，绝非一般。

二是殿前柱上的木雕盘龙。这是我国现存最早的盘龙殿柱。雕于宋元祐二年（1087 年）。八条龙各抱定一根大柱，怒目利爪，周身风从云生，一派生气。距今虽近千年，仍鳞片层层，须髯根根，不能不叫人叹服木质之好与工艺之精。

三是殿前的鱼沼飞梁。这是一个方形的荷花鱼沼，却在沼上架了一个十字形的飞梁，下由三十四根八角形的石柱支撑，桥面东西宽阔，南北翼如。桥边栏杆、望柱都形制奇特，人行桥上，随意左右，如泛舟水面，再加上鱼跃清波，荷红映目，真乐而忘归。这种突破一字桥形的十字飞梁，在我国现存的古建筑中是仅有的一例。

以圣母殿为主的建筑群还包括献殿、牌坊、钟鼓楼、金人台、水镜台等，都造型古朴优美，用工精巧。全祠除这组建筑之外，还有朝阳洞、三台阁、关帝庙、文昌宫、胜瀛楼、景清门等，都依山傍水，因势砌屋，或架于碧波之上，或藏于浓阴之中，糅造化与人工于一体。就是园中的许多小品，也极具匠心。比如这假山上本有一挂细泉垂下，而山下却立了一个汉白玉的石雕小和尚，光光的脑门，笑眯眯的眼神，双手齐肩，托着一个石碗，那水正注在碗中，又溅到脚下的潭里，却总不能满碗。和尚就这样，一天一天，傻呵呵地站着。还有清清的小溪旁，突然跑来一只石雕大虎，两只前爪抓着水边的石

木雕盘龙

古柏

块，引颈探腰，嘴唇刚好埋入水面，那气势好像要一吸百川。你顺着山脚，傍着水滨去寻吧。真让你访不胜访，虽几游而不能尽兴。历代文人墨客都看中了这个好地方，至今山径石壁，廊前石碑上，还留着不少名人题咏。有些词工句丽，书法精湛，更为湖光山色平添了许多风韵。

这晋祠从周唐叔虞到任立国后自然又演过许多典故。当年李世民就从这里起兵反隋，得了天下。宋太宗赵光义，曾于太平兴国四年（979 年）在这里消灭了北汉政权，从而结束了中国历史上五代十国的分裂局面。1959 年陈毅同志游晋祠时兴叹道：“周柏唐槐宋献殿，金元明清题咏遍。世民立碑颂统一，光义于此灭北汉。”

晋祠就是这样，以她优美的身躯来护着这些珍贵的历史文化。她，真不愧为我国锦绣河山中一颗璀璨的明珠。

梁衡（1946-　）

当代作家，山西霍州人。著名的新闻理论家、散文家、科普作家和政论家。他的山水散文，深得古典山水文章的传统，行文草木有灵，水石有韵。著有散文集《夏感与秋思》《只求新去处》《红色经典》《名山大川感思录》《人杰鬼雄》《当代散文名家精品文库——梁衡卷》《人人皆可为国王》等。

太原，远去的天府

◎蒋　韵

称我的城市太原为“天府之国”，还是第一次听说。

我所知道的“天府”，在南方，西南，人称“锦官城”的地方，丰足、富饶，土地攥在手里就能攥出油来。这样的地方和我的城市扯不上一点瓜葛。

在我的许多小说中，我曾无数次这样描绘我的城市：它干旱、平庸、物产匮乏，没有色彩，也没有春天，春天被一场接一场的沙尘暴涂染得灰头土脸面目全非。生活在这里的人们，似乎，没有谁对它付出过真心，吐露过爱意。年轻的孩子们，几乎人人怀揣着一个梦想，那就是，有一天能远走高飞离它而去。这样的地方，哪里能寻找到“天府”的踪影？

当然，我知道，一个两千五百岁的城市，是不那么简单的。

宋代词人范仲淹，在他任陕西四路宣抚使的时候，曾来我的城市游历，这个忧国忧民的

古街市

诗人，在我们的土地上，留下了一首诗篇《晋祠泉》。

其中，“千家溉禾稻，满目江乡田”的美景，接近一个“天府之国”了。而“皆如晋祠下，生民无旱年”，则更是一个“理想国”的画图。滋养这美景和理想的，不用说，是一条绵延不绝无比澄澈的碧水——晋水。晋水从晋祠“难老泉”中汩汩涌出，是太原的生命之水。

在我小时候，晋祠差不多是我们郊游的唯一去处。“六一”节，或者夏令营，能给我们带来最大欢乐的就是晋祠，而晋祠带给我们最大的惊喜，就是它的泉水。我甚至认为它是全中国独一无二的。我没有见过虎跑泉、趵突泉、瞎子阿炳的“天下第二泉”，在我少年时我不相信还有比我的晋祠泉水更美的水。我们用茶缸、军用水壶接泉水喝，或者就干脆用双手掬水。一口下去，泉水就在我们身体里了，或者，更准确地说，在我们生命里了。

这水，就是晋水。这泉，就是“胜地出嘉泉”的“嘉泉”——难老泉。在我们祖先的心目中，它将永生不老。可我们不知道，四十多年前，当我和它初次相遇时，它其实已经老了！植被的破坏、地下水源的萎缩、周边大工厂工业超深井不分昼夜的榨取，已经使它危在旦夕。等我的女儿刚刚长到我当年的年纪时，1994 年，“永锡难老”的难老泉终于流尽了它最后一滴生命的汁液。难老泉断流了。现在，晋祠的三绝之一，难老泉水，是靠了地下循环水系统力不从心地勉强维持着。浅浅的一道平庸的溪流，毫无生机和激情，与我记忆中的泉水，天壤之别。那早已不是我的泉水了。那早已不是范仲淹的泉水了。如今，带外地朋友游晋祠，游到“难老泉”，我总是抑制不住我的伤痛，就像站在一个亲人的坟墓前。我无法让一个外乡人知道，这泉水，曾经多么激荡妖娆，我更无法让一个外乡人知道，它在我生命中的重量，它在这城市中的千钧重量。

我的城市，我的河流，是从什么时候开始，又是什么原因，慢慢走向干旱走向焦渴的，这个问题，不是我能够回答的。

别了，遥远的“天府”，丰饶的故园，历史典籍和诗中的美景。

蒋韵（1954— ）

山西太原人，中国当代女作家。代表作有《隐秘盛开》《栎树的囚徒》《红殇》《闪烁在你的枝头》及《现场逃逸》《失传的游戏》等。曾获鲁迅文学奖全国优秀中篇小说奖，赵树理文学奖荣誉奖、上海文学奖等。现任太原市文联主席。

【今作】

放歌晋阳

◎柴　勇

一

这里，有一个美丽的传说：远古的人群踏着五千年的寂寞，踏着山谷间树林里回荡着的野狼嚎叫声，正在向这里迁徙。那一位叫唐尧的首领，被这里绿色的丛林和清丽的河水感动，于是，他在这里的大平原上同山羊小鸟对话，与绿树河流为伍。用最古老的石犁石斧叩响原始荒凉的土地，用铮铮作响的灵肉，在岁月最初的穹幕上，构筑出一座唐城，在古老苍茫的大地上，留下了血色的剪影，留下了创造者的足迹，留下了充满文明与灵气的民间传说。

太阳倏忽又滚过了两千多年。当烽火台的狼烟从春烧到秋的时候，传说中的城市在这里崛起，散发着泥土馨香和汗水芬芳的城市，从两千五百年前顽强而悠远地活到了今天。

晋阳城，在汾河的大平原上屹立了25个世纪。

时光穿过历史的云雾。晋阳经过火与水的洗礼之后，在白骨累累和鲜血干涸的伤痛中又一次崛起，崛起一种精神。一任永远的古老、庄重、肃穆、高傲辉煌着历史的天空，折射出智慧、勇敢、顽强、不屈的生命，在死亡和再生中裂变出蓬蓬勃勃的光芒。

春秋的车马坑，战国的铜箭头，汉陶的纹饰，北齐的墓画，唐代的北都，宋塑的侍女，都以不朽的文化吮吸着这里博大的底蕴。王之涣、

白居易、王维，还有创造了四百多个栩栩如生人物的罗贯中和集文学书法医学于一身的傅山，都用如椽的手笔蘸着家乡的水土泡制的墨汁，挥洒成不朽的诗词和厚重的巨著。

似水流年，每一天的太阳都是崭新的召唤，那些美丽的传说和真实的故事，早就成为化石的细节和沧桑的感叹，将千年的期盼和千年的悲情共同演绎成现实的美好和壮丽。

二

岁月的秋天同发黄的落叶一起被埋葬了。一片翠绿充满生气的春叶映绿了这块神奇的土地。这里的人们早就用春阳点燃了心房的光亮，让鹅黄的嘴角绽放出春天的笑容，然后又吐露出遍野绿涛和春意盎然的好光景。

当崛围山的清泉在荡漾的涟漪中打捞着三月的时候，天龙山石窟早就在松柏绿阴的幽静处葱绿着一个又一个踏春人的心境。太山寺旁淙淙不断的龙泉纵横交错成祝福的诗行。双塔寺高耸起擎天的文笔，蘸着文瀛湖砚台中的荷花墨，将牡丹和丁香的馥郁写出华章。崇善寺和纯阳宫在时间的流程里走过花朝月夕，又用富丽幽深曲径古树迎接着旅游者的朗朗笑声。晋祠院内的鱼沼飞梁，在圣母殿前展开欲飞的翅膀，拍击着难老泉的浪花，滋润着周柏和唐槐的枝叶，迸射着生命郁郁葱葱的艰辛和顽强。

晋阳，古朴的躯体灿烂着历史和人类的进程，在沧海涌动沧桑变迁中岿然而升腾，在新世纪的穹幕上，又映出一道亮丽迷人的风景。

煤炭点燃的激情正在与钢铁为伍，爆发出能源基地撼天动地的激情。汾河干涸的河床里奔流着清水，成为劈波斩浪的先锋，在潮流的湍急中伏虎降龙，让水的音符洗净了蔚蓝的天空，连同飘着千年醋香的空气散发出一路的微笑和生动。

琼楼耸起，尽显风流。崭新的晋阳早被崭新的太阳镀亮。喷泉放飞美丽，把万家灯光串成的五彩项链又编织出一个新的绚丽篇章，用水灵灵的语言向世人宣告：晋阳城要创造出罕世的伟业。

道路无尽，依然开阔。前途光明，充满磨难。晋阳，仍然迈着沉稳的步伐，坚定不移地去领略无限风光。

晋阳，跨过了两千五百年的时光，在历史灿烂的河流上闪烁。双塔又一次高耸着桅杆，征帆又一次扬起高昂，让世人用惊奇的声音欢呼：晋阳，起航了！

不教胡马度阴山

呼和浩特

【图说】

呼和浩特为内蒙古自治区首府，全区政治、经济、文化和商业中心。呼和浩特，为蒙古语，汉意为“青色的城市”，即青城，简称“呼市”，因其历史上召庙较多，又称“召城”。

公元前306年，赵武灵王在阴山下筑长城，并设云中郡。西汉武帝时，在河套地区兴建了一批军市。魏晋南北朝时期，鲜卑族拓跋部在北方兴起。隋唐时期，呼和浩特一带是突厥人的活动范围。唐太宗贞观年间，唐军大败突厥于白道（今呼和浩特市北）。唐中宗景龙二年（708年），唐王朝在今呼和浩特周围地区设立了东、中、西3个“受降城”。公元10世纪初，辽国在此设天德军及丰州。明万历九年（1581年），阿勒坦汗和他的妻子三娘子在这里正式筑城，城墙用青砖砌成，远望一片青色，“青城”由此得名。清康熙三十三年（1694年），在原青城外增筑了一道外城，命名为“绥远城”。1913年，将绥远合并到归化，1914年改称归绥。1954年4月25日，改归绥市为呼和浩特市，并作为内蒙古自治区的首府。

【走读】

草原明珠——呼和浩特

◎周　薇

千百年来，塞北的民族，无论他们是被称为匈奴，还是突厥，中国人总是为了更安全的内地，在塞外民族与汉族之间，筑起一道一道的墙，这些城墙有些连成了一串挂在中国人脖子上，令中国人骄傲的项链，当然也有些散落塞北各地，成为捍卫京师的堡垒。旧称“归绥”，蒙古语意为“青色之城”的呼和浩特，当年曾是捍卫京师的劲旅驻扎之处，现今则是内蒙古自治区的首府，城市人口 253 万，是塞北的政治、教育中心，更是东北、西北地区联系北京的要冲。

对大部分的人而言，内蒙古是个地广人稀的大草原，谁知今日的大草原，已经有超过 887 万个电话用户，电话普及率高达 37%，电视的普及率也有 90%。“呼和浩特”对有些人而言，也许是一个陌生的名字。但如果告诉您，这里是昔日昭君和亲之地，我想大家会更亲切一些。

内蒙古草原景色

离北京大约500公里的呼和浩特，在飞机起降的45分钟之间，犹如北京与天津间的亲近。2003年年关之前，暂时远离大雾弥漫的北京，我们在已经干旱的漠北草原边的停机坪上，跨出我们亲近鄂尔多斯高原的第一步。

就在西方开始纪元之前，汉朝依旧以和亲政策，为汉族与匈奴之间，寻找片刻的和平。与屈原一样，来自湖北秭归，名列中国四大美女之一的王昭君，远嫁塞外的呼韩邪单于。王昭君的和亲，换取了八十年的和平，而昭君的和亲，让当初没有据实描绘王昭君画像的画师毛延寿，也在汉朝的稗官野史中，留下许多评论。后代的诗人墨客，总会在凭吊昭君墓时，为昭君千古美名留下更多的见证。但对昭君而言，"一去紫台连朔漠，独留青冢向黄昏"，也许才是描述她怀念故土的千古绝唱。后人对于两国和亲的期待，也许对两千多年前的昭君而言，是个难以承受之重，骚人墨客咬文嚼字，对昭君而言总是徒劳。

相对于汉朝时的和亲政策，清朝初年的几个皇帝，则在和亲之外采用怀柔政策，与边疆民族维持亲善关系，这段难得的和睦期，在呼和浩特留下最明确的历史见证。

始建于明朝万历年间的呼和浩特大召寺，在采取怀柔政策的清康熙皇帝时期，更是"圣眷崇隆"，康熙皇帝御赐三宝中，珍珠八宝灯、孔雀羽毛龙凤伞，至今高悬寺中，只有御赐宝剑藏在博物馆中，让三百多年前的皇威，继续在人世间传递"怀柔重于武力征服"的传统大中国战略。此外，对康熙皇帝崇拜有加的乾隆，也御赐九龙供桌，并在这里供养当年的达赖、班禅喇嘛。在大召寺不远处，还有一处是内地游客前往呼和浩特必定一游的另一座宝刹——五塔寺。五塔寺原名金刚座舍利宝塔，据称塔内有佛祖舍利，只是未经证实，我们也就姑妄听之。

人造的长城与边关数不尽的边城轶事，不管是汉朝的卫青、霍去病，还是宋朝的杨六郎，都赋予了边城在农业之外，更丰富的文化内涵。今日的边城，在民族团结的意识下，汉族与蒙古族、满族之间的藩篱不复存在，仅留下民族间亲密的对话与水乳交融的快意。今天的呼和浩特，正搭着经济发展的大潮，期望从过去的边关角色，蜕换为工业发展重镇，没有人为了过去汉满蒙之间的尴尬多费口舌，工业、经济、投资，才是他们每天对话的主题。说"招商"，太沉重，呼和浩特希望以无际的草原与高新技术产业，唤回人们对久违的蓝天绿地的回忆。

【胜迹】

游览建议路线

大窑文化遗址 · 昭君墓 · 万布华严经塔 · 大召寺

呼和浩特及其周边地区名胜分布示意图

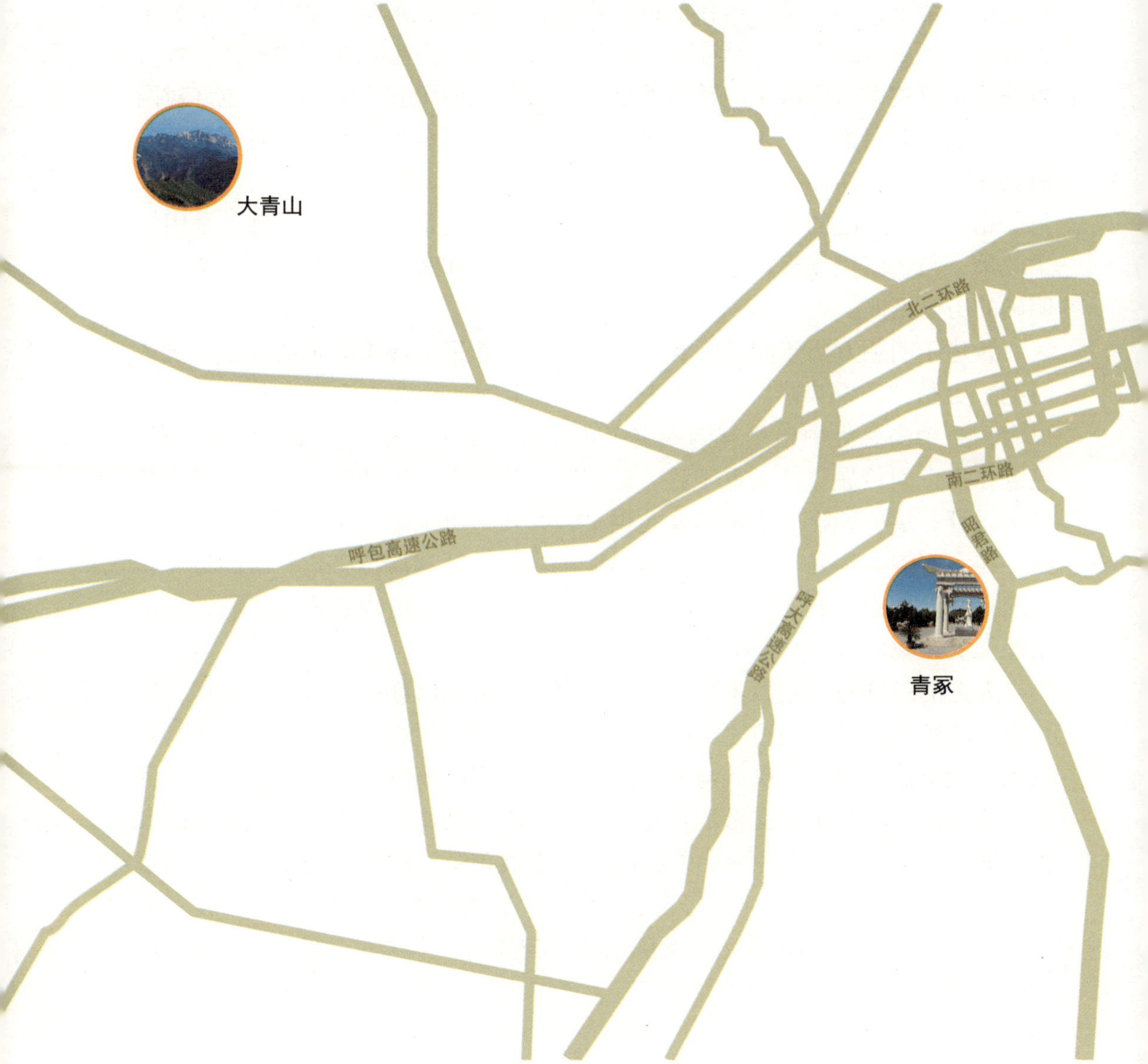

大青山

翦伯赞先生的名作《内蒙访古》为高中语文传统课文，其中所写到的“大青山”，即阴山山脉的一部分。

王昌龄 像

出　塞

【唐】王昌龄

秦时明月汉时关，
万里长征人未还。
但使龙城飞将在，
不教胡马度阴山。
（初中生必背古诗词）

杜甫 像

咏怀古迹五首（其三）

【唐】杜　甫

群山万壑赴荆门，
生长明妃尚有村。
一去紫台连朔漠，
独留青冢向黄昏。
画图省识春风面，
环佩空归月夜魂。
千载琵琶作胡语，
分明怨恨曲中论。

【名篇】

登昭君墓随想

◎林　非

伫立在昭君墓底下的石头台阶上，聆听着两旁葱茏的松树林里，阵阵的微风，不住地吟咏与呼啸，是替王昭君唱一曲深情和悲怆的歌？这使我想起了历朝历代的多少文人墨客，都纷纷传诵着她动人的故事，真是思接千载，回味无穷。

我抬起头颅，仰望前方这浑圆的土丘。约莫有十来丈高的斜坡上，一大片稠密的青草丛中，稀疏地点缀着正在盛开的野花，红艳艳的，黄灿灿的，白净净的，像是齐声叫唤着我，赶紧向那边走去。

王昭君雕像

湛蓝的天空里，不住地放射出晶莹的光彩，把我眼前的花草和树木，映照得明晃晃的，亮闪闪的。一朵朵缥缈的白云，轻轻地飞来，也是想来看望和凭吊这昭君墓的吗？

我赶紧沿着石阶前面的一条小路，迅疾地攀登起来，顷刻间就抵达了小丘的顶部。在平坦和宽敞的泥地上，缓缓地徜徉，默默地眺望着寂静的沙漠和北边黝黑的荒山，也隐约瞧见了呼和浩特郊外，连接在一起的田垄与房屋。王昭君在两千多年前，历尽千辛万苦，风尘仆仆地来到塞外

时，不知道目睹过什么样的风景？

王昭君墓（青冢）

她自幼生长在长江岸边的青山绿水之间，倾听着竹林里鸟儿的啼鸣，面朝着镜子般明亮的小溪，观看自己俊俏和妩媚的脸庞，还瞅见了一群玲珑的小鱼，摇摇摆摆地躲闪开去，藏在一堆堆光滑的石块旁边，禁不住伸出纤纤的手指，欣喜地拨弄自己被春风吹拂着的黑发。她深深地知悉，自己出落得多么美丽。

这名声远扬的美女，后来被选送到了长安的皇宫里面。既然已经顺从了这样的命令，远离自己的家乡，凄清地住宿在森严的后宫里面，也只好耐心地期待着，能够很快得到汉元帝刘奭的召见，觉得以自己的姿容和聪颖，从此就可以长久陪伴着君王了。在专制帝王擅权统治的年代，怀抱着这样的希望，也应该说是符合常情与常理的。

而作为一个男人来说，喜爱和追求俏丽的女子，自然也是符合常情与常理的。不过统揽了至高无上的权力，就可以如此为所欲为，强行选拔出成千上万个美女，禁锢在密密层层的后宫里面，耽误了她们青春的渴望和梦想，破坏了多少家庭亲密的团聚。这种专制和独裁的行径，实在是太贪婪了，太残酷了，太狠毒了。然而无论是多么好色和淫荡的君皇，也哪里来得及搂抱与亵玩所有的这些美女。绝大多数年轻和漂亮的女子，只好孤苦伶仃地打发时光，跟岁月一起凋零，在悠长的寂寥与痛苦中，跌入死亡的门槛。

王昭君等待了多少个落寞的昼夜，始终没有能够见到刘奭的面，经历了深深的失望之后，却意外地获得了一个远嫁匈奴的机会。当时塞外的匈奴王国中发生了五个君王之间争夺最高统治权力的内讧。强悍的郅支单于，带兵击败了呼韩邪单于，又不可一世地进犯汉朝的边关，在激烈的交锋中，他被杀死了。呼韩邪单于知道了仇人的下场之后，再度兴冲冲地前往长安，去觐见刘奭，提出想与朝廷结亲，翁婿之间，永世和好。根据《汉书·匈奴传》的记载，是刘奭将从未见过的宫女王昭君，赏赐给了他。而《后汉书·南匈奴传》却说是，当刘奭下令赏赐他五名宫女的时候，王昭君因为进宫多年，还始终没有见过刘奭的面，怀着悲戚和哀伤的心情，自己请求远嫁的。又说是，当满朝的文武大臣和呼韩邪单于，瞅见站立在面前的王昭君时，大家望着她袅娜妩媚的美貌，都觉得像是天仙下凡似的，肃然起敬，羡慕不已。连每天

轮流玩弄着无数美女的刘奭，也被她出众的容貌和神情惊呆了，多么想留下她来，却又不能失信，只好懊恼万分地放行了。

王昭君临走时的心情，应该是暗暗地埋怨刘奭，错过与辜负了自己的期待吧？而面对着呼韩邪单于诚恳的请求，应该是默默地祈求上苍，保佑自己能够获得和睦的情爱吧？明代诗人徐祯卿的那首《王昭君》里，描摹着“单于犹解怜娇色，亲拂胡尘带笑看”，细腻地想象着她此种真挚的愿望，确乎是得到了实现。不过她当然已经无法知悉，这位一千五百年之后的诗人，竟会如此贴切地诉说自己款款的情思。

她在远走天涯的时候，也许还想到了自己这样决绝的行动，可以促进两个邦国之间的和好，免除流血的杀伐。清代诗人陆次云的《明妃曲》里，咏叹她的“安危大计是和亲，巾帼应推社稷臣”，推崇她替朝廷建立了重大的功勋。当我默默地背诵时，觉得长眠于坟墓底下的王昭君，应该是可以承受得起这种表彰的。

中国古代历史上的和亲政策，肇源于汉朝的开国之君刘邦。当他亲自统率军队，抗击入侵内地的匈奴重兵时，被冒顿单于牢牢围困于平城的白登山下，携带的粮草和食物，已经消耗殆尽，当时正值隆冬季节，从皇上到普通的士卒，都处于十分危急和狼狈的环境中间，饥寒交迫，行将崩溃。据东汉时期的学者桓谭在他的《新论》里说，刘邦采用了谋臣陈平的妙计，让随军的画工，绘成一幅美女的图卷，派遣细作，悄悄潜入敌营，送给跟随冒顿一起出征的阏氏，说是刘邦在万般无奈之中，将要把这绝代的佳人，进献给单于。阏氏畏惧那汉家的娇娘，真要是偎依在丈夫的身边，自己将会失去亲昵的宠爱了，于是使出浑身的气力，劝诫丈夫松开阵地的一角，说是死死地围住对方，会引起拼命的反抗，损失将会异常惨重。冒顿果然听取了阏氏的劝告，才使得刘邦及兵将，侥幸地逃脱出来。

后来在匈奴的不断骚扰和进犯之际，刘邦还真的选派了宗室的女子远嫁过去，像这样的苟且偷安，实在是一桩很屈辱的事情。在他死后不久，相继登位的儿子刘恒和孙子刘启，虽然号称为鼎盛的“文景之治”，却也长期遭受匈奴的侵凌，依旧实行刘邦这种可耻的做法，真像鲁迅在《灯下漫笔》里所说的，是“以美女作苟安的城堡”。

自从汉武帝刘彻登基之后，出现了卫青和霍去病这两员大将，都长于用兵，能征善战，在与匈奴军队的不断厮杀中，击退了他们，一路追赶，长驱直入，挥戈于茫茫的大漠之中，这样自然就不用再推行耻辱的和亲政策了。

王昭君的远嫁塞外，跟往昔那种屈服于暴力的做法完全不同，而是出于

呼韩邪单于祈求和好相处的愿望，如果真的能够像这样维持下去，不再发生尸横遍野的战争，对于两国的士兵和百姓来说，也都是很值得珍重的福音。元末明初的诗人卢昭，在《题昭君出塞图》中间，讴歌她“此去妾心终许国，不劳辛苦汉三军”,确实是说明了这样的一点。清代诗人袁枚的《明妃曲》里，更是委婉地揣摩她远嫁之后，洋溢着多么喜悦的心情，“横波满脸向名王，手拂穹庐作洞房。生长内家风味惯，酒酣时作汉宫妆”，呼韩邪单于也同样爱怜着她，一切都顺从她的心情和意愿，使她感到无比的欢快。而且像这样的两情缱绻，就使得“从今甥舅息干戈，塞上呼韩日请和，寄言侍寝昭阳者，同报君恩若个多”，她还诉说自己替朝廷立下了多大的功绩，含着娇嗔的口吻，有些悻悻地询问刘奭，比起眼下陪伴在身旁获得宠爱的嫔妃来，究竟谁更值得惦记和褒扬？真写得惟妙惟肖。

青冢前的牌坊

在刘奭的心里，自然是异常愤慨的，无法阻挡美丽动人的王昭君，走出巍峨的宫殿，眼看着她悄悄离去的背影，怎么能不耿耿于怀，怒气冲天？这样才会有东晋文人葛洪的《西京杂记》中，那一段《画工弃市》的故事。说的是因为宫中的女子太多，皇帝无法一一召见，就命令画工描绘她们的图像，觉得俏丽动人的，才准许来到自己的跟前。多少女子为了获得皇上的宠幸，纷纷用黄金贿赂画工，王昭君仗着自己冰雪般洁净明亮的身躯，彩霞般鲜艳靓丽的脸庞，不愿做出这种有失身份的勾当，因此就失去了觐见的机会。刘奭查明真相之后，把毛延寿等的好多画工，都斩首示众，以此来熄灭自己心头燃烧的怒火。

唐代的三位大诗人,都在自己的诗章中,沿用了这样的记载。李白的《王昭君》说是,“生乏黄金枉图画,死留青冢使人嗟”,杜甫的《咏怀古迹》说是,“图画省识春风面，环佩空归夜月魂”，都深情地哀悼这位美女，因为没有贿赂画工，才落下远嫁塞外的结局，还含蓄地埋怨刘奭的昏聩与糊涂;白居易的《昭君怨》说是，“自是君恩薄如纸，不须一向恨丹青”，更是直指刘奭这种荒淫地亵玩宫女的行径，才造成了画工作弊的伎俩，言辞尖锐而又激昂，立意高

碑亭

远而又深邃。

宋代的三位大文豪，也分别在自己的诗篇中，关注过这样的话题，表达了更为高旷的见解。像欧阳修的《再和明妃曲》说是，“虽能杀画工，于事竟何益！耳目所及尚如此，万里安能制夷狄”，尖锐地抨击刘奭，连身边琐屑的小事都安排不好，哪里能够驾驭得了与匈奴交往这样的邦国大事？司马光的《和王介甫明妃曲》说是，“目前美丑良易知，咫尺掖庭犹可欺，君不见白头萧太傅，被谗仰药更无疑”，愤慨地谴责刘奭一心耽于享乐，却又固执无知，莫辨真伪，错过了期待他宠爱的美女，更令人发指的是还轻信宦官石显的诬陷，把忠心耿耿的大臣萧望之，投入牢狱之中，最终迫使他服毒自杀了。王安石的《明妃曲》却说是，“意态由来画不成，当时枉杀毛延寿”，虽然同样都涉及画工的事儿，含义竟迥然相异，他认为美女的神情与风韵，是很难于描摹出来的，因此画工的被杀，就显得有些冤枉了。从这种进行翻案的口气中，表达了他对于抒发神韵的高度重视。

王昭君受害于画工接受贿赂的说法，一直流传至今，在不少的戏剧作品中，都浓墨重彩地渲染着这样的情节，却也受到过有力的辩驳。像清代诗人陆耀的《王昭君》，就在开头的序言中，质疑着开创此种说法的《西京杂记》，认为众多的宫女，哪能储藏如许的黄金，而且在肃穆的宫廷中间，谁敢出面去联络这非法的交易，难道不怕受到严厉的查禁与惩罚？因此斥之为无稽之谈。从表面上看来，他此种持论似乎颇有道理，然而在专制帝王的独裁统治底下，无论多么冠冕堂皇的规章制度，往往都可以被奸臣扭曲与冲破，只要那至高无上的统治者怜爱、姑息和包庇他们就成了。

王安石还在自己的这首诗里，唱出了“汉恩自浅胡恩深，人生乐在相知心”的声音。追求知心、知音、知己，是古代一种朴素的平等意识。在春秋战国时期，诸侯并立，为了使自己立于不败之地，都争着吸收和优待各样的人才，所以就乐于礼贤下士，诚恳相待，十分尊重与信任。正像《春秋左氏传》里所归纳的那样，此种“君臣无常位”的竞争状态，自然会促使在位的诸侯，尽量

扮演出宽容、谦逊与亲和的姿态，好博得众多部下的忠心效劳，直至以死相报。《战国策》里描写过的侠士豫让，正是最为典型的例子。他曾经臣事过的智伯，在晋国诸卿争权夺利的内讧中，被赵襄子杀死之后，为了报答智伯对于自己的厚爱，处心积虑地准备刺杀赵襄子，完成自己“士为知己者死，女为悦己者容”的志向。当他谋刺未成，被赵襄子的卫士抓获，临死之前，还铿锵有声地诉说了自己的伦理准则，“智伯以国士遇臣，臣故国士报之”。到了秦汉大一统的局面，尤其是汉武帝推行独尊儒术和罢黜百家的方针之后，就严厉地遵循与贯彻“君为臣纲”这样的奴性哲学，臣子只能对君皇匍匐跪拜，唯唯诺诺，往昔那种萌芽状态的平等意识和自由理念，逐渐地消隐和丧失，这样就使得整个邦国，都笼罩着驯服、缄默、迷信和愚昧的浓雾。

不知道王昭君是否知晓豫让的这些话语，然而凭着她率真与热忱的性格，已经这样去付诸行动了。王安石则肯定会熟悉如此的掌故，并且向往着那种美好的境界，才会讴歌她和呼韩邪单于的相亲相爱，庆贺她获得了极为正常的生活。不过王安石憧憬的此种境界，跟自己生活的时代，一切都得遵循等级特权制度的所有规范，就显得不太协调了，多少有点儿惊世骇俗的意味。这果然引来了非议和攻讦，在李雁湖编纂的《王荆公诗注》里，曾经引用范冲的话语，痛骂他的这首诗作：“以胡虏有恩而遂忘君父，非禽兽而何？”其实是刘奭辜负了王昭君，她才无可奈何地去寻觅自己应该享有的人生。正统卫道的士大夫范冲，当然不敢责备自己心目中神圣的帝王，却污蔑和咒骂比自己年长四十余岁的王安石，只能说是奴性十足而又穷凶极恶。

最可惜的是王昭君欢欣的生活，只维持了很短促的一段时间，因为年龄的悬殊，呼韩邪单于在几年之后，就衰老病故了，留下孤苦伶仃的她，带着两个年幼的儿子度日。更让她感到万分恐惧的是，按照匈奴部落的原始习俗，她要嫁给呼韩邪单于与原先阏氏所生的长子。一个诞生在长江岸旁的汉族姑娘，怎么能够接受这样落后的规则呢？她于惊悚不安之中，立即向汉成帝刘骜上书，要求回归祖国，得到的答复是必须遵从当地的风俗行事。这对于她精神上的打击，肯定会无比沉重，促使她后来忧郁地死去。

《后汉书·南匈奴传》很简单地记载着这样的说法。蔡邕的《琴操》则说，王昭君在难以忍受的愤懑与哀伤中，当时就服毒自尽了。她究竟是怎么亡故的，或许只有王昭君自己可以作出准确的回答，然而她早已长眠在陵墓底下，又怎么能够告诉后人呢？不管是什么样的结局，她心里一定会非常惆怅和痛苦，在无尽的悲伤与惶恐中，告别了曾经眷恋过的人世。

在记载同样的一桩历史事件时，无论是画工的作弊，抑或是她死亡的原

昭君出塞塑像

因，为什么会有这样很不相同的说法？是否因为有的人博闻强记，有的人孤陋寡闻；有的人严肃核对，有的人随意编造；有的人为了秉笔直书，可以牺牲自己生命，有的人为了谄媚君王与权贵，可以篡改事实的真相。有严肃的、深刻的、高尚的史家，也有轻浮的、肤浅的、卑劣的史家。面对着纷纭复杂和形形色色的典籍，怎么能够睿智地去辨别历史的奥秘，从中获得精神境界的升华？这是多么艰巨的工作，也是多么欢乐的历程。

听当地的朋友说起，在这一望无际的草原上，还有不少土丘，也被传说成是王昭君的坟墓，可见人们都喜爱和同情这位古代的美女。我迎着飒飒的秋风，张望着附近平原上，几株苍翠的树木，和远处绵延起伏的山脉，沉思着她坦诚、慷慨和追求真挚相待的品格，她如果能够行走在今天的土地上，比起那时候来，一定会获得无法比拟的幸福吧？

林非（1931－　）

当代著名作家、学者，中国社会科学院研究员，研究生院博士生导师。曾任中国鲁迅研究会会长，现为中国散文学会会长。著有《鲁迅传》《鲁迅与中国文化》等学术著作十余部，同时出版《林非散文选》《离别》等散文集二十余种。作品入选百余种选本，并被译为多种外语，介绍到国外。《话说知音》《萨特：拒绝诺贝尔文学奖》《武夷山九曲溪小记》等多篇作品入选大学和中学教材。林非的学术研究和散文创作受到海内外的广泛重视且广有影响。

【今作】

塞外看召庙

◎ 马铃儿

“敕勒川，阴山下，天似穹庐，笼盖四野……”游牧的敕勒人从这里匆匆而过，留下了一首令人神往的民歌。终于来到了阴山——现在的大青山脚下，肥沃的水草不仅强壮了一个马背上的民族，也孕育了一段源远流长的召庙文化。虽然大部分寺院都已毁圮，但最著名的召庙却较完好地保留了下来，如美岱召、五当召、大召、乌素图召、席力图召等，成为游览的一大景观。

美岱召

无论是走公路、高速公路还是铁路，人们都可以看到大青山脚下那座青松掩映的颇显苍老壮美的藏传佛教蒙古族寺院。内蒙古大地万千文物遗存中，并不都是残垣断壁、风沙吞

召庙雕塑之一

美岱召

噬、风雨飘摇，苍凉壮美的美岱召，就是内蒙古草原文物遗存保护的典范之一。

美岱召位于包头市土默特右旗，包头以东50公里，为明万历年间土默特蒙古部阿拉坦汗所建，原名灵觉寺，清代更名为寿灵寺。因西藏来的麦达力活佛曾在此掌教坐床并为弥勒佛像主持开光仪式，人们便称灵觉寺为麦达力召，俗称美岱召。

美岱召的总体平面布局为不规则的正方形，类似一座堡寨式的建筑，总面积约4万平方米。正面为城门，上有垛门及一座3层歇山式的城楼。百年岁月使它显得沧桑历练，让我在土默特历史老人面前，恍然如有一种中原文化使者的感觉。

和城楼连接一起的是四周巍峨的城墙，城墙四角是苍老的角楼。墙体基本是青砖加河卵石块结构，略呈灰褐色，远远望去，与背后褐色的荒芜的大青山，几乎可以浑然一体。

进门后，两棵明代古松像饱经风霜的古代卫士，枝枝叶叶遮盖着进入城门，迎面为大雄宝殿。殿墙上有彩色斑斓的壁画，除喇嘛教供奉的佛、菩萨、天王等像外，还有大量壁画是关于释迦牟尼的故事。西墙下层为人像壁画，正中端坐蒙古族装束的男女像，即阿拉坦汗及其夫人三娘子。大雄宝殿后是一座3层楼房式的琉璃殿，是阿拉坦汗接受朝拜的地方。琉璃殿的西侧有两座殿，八角形的叫作老君庙，另一座叫作万佛殿。万佛殿南面紧接着经堂的一座藏式建筑叫作乃春庙，是麦达力活佛居住的地方。经堂东北方有座重檐歇山式建筑，称太后庙。太后庙世传为供奉阿拉坦汗之妻三娘子骨灰的灵堂。

美岱召是喇嘛教传入蒙古时一个重要的弘法中心，也曾是土默特蒙古部在丰州滩活动的政治中心。但现在这里已经没有寺院主持，也没有一个藏传佛教寺院里的喇嘛。只有最后一位早已圆寂活佛的寝室还保留着。美岱召成了一个地地道道的文物遗存，成了一个纯粹的生态和旅游点。

五当召

五当召位于包头西北阴山深处的五当沟，距包头 70 公里，是内蒙古地区现存最大、最完整的纯藏式喇嘛寺庙。五当召始建于清康熙年间，以西藏扎什伦布寺为蓝本，经乾隆、嘉庆、光绪年间多次维修、扩建，遂成今日规模。现在，五当召依然是本召喇嘛进行佛事活动和信徒们朝拜的场所。这里每年举行“嘛呢会”等佛事活动。

五当召依地势面南而建。它是一幢层层依山垒砌的白色建筑，群山环绕，为苍松翠柏掩映，显得十分雄浑壮观。

五当召

主要建筑位于山谷内一处突出的山坡上，主体建筑由六殿、三府、一陵组成，两侧还建有一栋喇嘛舍房。全庙占地面积约 300 余亩，殿宇和仓房 2500 余间，整个建筑采用西藏式建筑风格，平顶方形楼式结构，结构严谨，布局合理，映照在蓝天、青山之下的白色外表，更显辉煌耀眼。其中最大的建筑为苏古沁独宫，里面供奉着最大的铜铸佛像释迦牟尼，以及黄教创造人宗喀巴及历代佛师，苏古沁宫的西边为讲授佛教教义的却依拉独宫。苏古沁宫东侧上面即为五当召的中心建筑——洞阔尔独宫，紧靠其后的为当圪希德独宫，另外还有阿会独宫和日木伦独宫。除六殿外，三府为甘珠尔府、章嘉府、洞阔尔府，以及山坡最上层的苏波尔盖陵，即塔陵。

五当召有许多古老而美妙的传说，

最吸引人的是这里的庙会。每年农历七月二十五至八月初一，全寺的喇嘛在苏古沁殿念“嘛呢经”；傍晚喇嘛们手持经轮，吹着法号，敲着羊皮鼓绕寺庙而行，队伍颇为壮观。庙会活动五花八门，跳鬼是其主要活动之一。蒙古族人民信仰藏传佛教、黄教，内蒙古因此而建立了许多召庙，五当召是内蒙古四大寺庙之一。

大召

位于内蒙古呼和浩特市旧城内，因它是原归化城最大的寺庙，蒙古语名“伊克召”，意即“大庙”。汉名原为弘慈寺，后改名无量寺。明隆庆年间（1567—1572），土默特蒙古部主阿拉坦汗（明代译作“俺答”）受封顺义王后，与夫人三娘子共同主持兴建呼和浩特（旧城）和弘慈寺，1580年（明万历八年）完成。内蒙古建立最早、地位最高、影响最大的召庙当数大召。它是漠南各召庙之首领，又是漠北、天山北一带修建召庙的样本。

大召

召内现藏600年前珍贵的《甘珠尔》经百部；殿内雕塑、壁画光彩照人，寺中释迦牟尼像是银铸的，故又称银佛寺。大召除大殿外，皆为汉式庙宇布局。大殿是常见的藏汉式喇嘛庙形制，由三部分组成。前部是双层三开间的前殿，下层为空廊；中部是经堂；后部是佛堂，佛堂内正中供奉的就是银铸佛像，佛像前有一对金色的木雕巨龙蟠于木柱之上。殿前有空心石狮子一对。召内另有山门、过殿、东西配殿、九间楼等建筑。大召的宗教文物众多，其中银佛、龙雕、壁画堪称“大召三绝”。南端是古称九个边防要塞泉水之首的“九边第一泉”。

席力图召

席力图召是呼和浩特市规模最大的寺庙，汉名延寿寺，为康熙所赐，位于呼和浩特市玉泉区石头巷北端。建筑采用中原传统的布局，以山门、大殿为轴，东西侧对称布置侧殿、仓房、碑亭、钟鼓楼等。历史传说甚多。

“席力图”蒙古语意为“法座”“首席”，寺庙因四世达赖的老师长期主持此庙而得名，建于明隆庆、万历年间（1567-1620），原是一座小庙，经清代的重修与扩建，始具现在之规模。

公元1696年，康熙西征噶尔丹，平定叛乱后回师，途经呼和浩特，赐名席力图召为延寿寺；7年之后，又在该寺树立“平定噶尔丹纪功碑”，大大提高了该寺地位。

召庙建筑面积5000平方米，组成中轴线的建筑物是牌楼、山门、过殿、大经堂、大殿。大殿采用藏式结构，四壁用彩色琉璃砖包镶，殿前的铜铸鎏金宝瓶、法轮、飞龙、祥鹿与朱门彩绘相辉映，富有强烈的艺术效果。康熙御制“平定噶尔丹纪功碑”，立于大殿前侧。大经堂广厦7楹，金碧辉煌，是席力图召的主体建筑，是由前廊、经堂、佛殿三部分组成。前廊为七开间，下层用装饰华丽的藏式柱，上层左右两开间及前廊左右两幅墙采用孔雀蓝琉璃砖贴面，并加镀金银饰。经堂高两层，面宽和进深都是九间，是喇嘛集体诵经之地，后部是佛殿。

召庙东南隅有白石雕砌覆钵式喇嘛塔，高15米，中轴线两侧还建有钟楼、鼓楼、亭、仓、舍等，颇为壮观。席力图召是呼和浩特现存最精美的一座寺庙，每年在这里举行佛会等宗教活动。

五塔寺

中国清代藏传佛教建筑，俗名五塔，建于清雍正末年，原是藏传佛教慈灯寺内建筑。寺宇早塌毁，只有此塔巍然独存。塔体遍布雕饰。

金刚座舍利宝塔主要由台基、金刚座和顶部5个方形宝塔三部分组成。五塔平面呈凸字形，总高16.50米。这座砖砌石料镶边，以琉璃做挑檐和宝刹的金刚宝座式佛塔，制作精美。南面正中券门两侧有雕刻四大天王像，上有伽陵频伽、狮子、神马、法轮图案，门首嵌汉白玉石匾镌刻蒙、藏、汉3种文字“金刚座舍利宝塔”，金刚座下须弥座束腰间并列砖雕五佛坐骑狮、象、飞马、孔雀、迦楼罗及法轮、宝瓶等七珍图案。金刚座下部砖刻蒙、藏、梵3种文字的经文，刻工精细。上部七层短檐下设千佛龛，龛内置姿态各异的佛像，龛楣刻梵文六字真言，金刚座上设五福冠状汉白玉石构栏，上镌刻梵文六字真言、三组咒语等。塔内为无梁殿。金

五塔寺

方塔

刚座顶有5座小塔，中心一座7层，四隅各5层，各塔1层均嵌佛像、菩萨、菩提树、景云砖雕，2层以上设千佛龛，为清代建筑雕刻的珍贵杰作。

塔北面照壁上嵌有三幅线雕刻石，中有"须弥山分布图"，西面是"六道轮回图"。蒙文天文图石刻紧靠在五塔寺北墙上。天文图直径144.5厘米。它是世界上发现的唯一的用蒙古文标注的一幅天文图，具有很高的科研价值。天球圆面以北天极为圆心，画出二十八宿赤经位置的经线，还有五个同心圆，由里向外为天北极圈、夏至圈、天赤道圈、冬至圈、天南极圈。与天赤道相交的另一个双线圈表示黄道。全图刻恒星约270座，星数1570多颗。天球外面有四层同心圆：最外层刻十二宫和十二生肖名称；第二层刻二十四节气名称；第三层外侧为黄道周天度数，内侧为赤道周天度数；最里层刻二十八宿名称。它是研究中国清代天文学史的重要实物资料。

乌素图召

"乌素图"是蒙古语，意为"有水的地方"。该召坐落在大青山南麓，呼和浩特市郊区攸攸板镇乌素图村西沟口的台地上，距市区西北13公里处。以村名命召名为乌素图召。乌素图召主要由庆缘寺、法禧寺、长寿寺、广寿寺、罗汉寺五个寺院组成，乌素图召是其总名称。五座寺院都相距不远，毗邻相连，建筑宏伟壮观，别具特色，是蒙古族工匠自行设计施工建成的一座寺庙。

乌素图召依山傍水，呼和浩特旧八景有"红杏遗村"，就是指乌素图召，召后有东西横亘的赵长城遗迹，地表有突起的夯土城墙，登临长城眺望，俯仰山川，广袤无际。放眼远眺，青城在云烟缭绕之中，大黑河犹如一条巨龙向西奔流汇入黄河，火车在原野上飞掠而过，土默川山河构成一幅又一幅美丽的画卷，尽映眼帘。

清真大寺

位于呼和浩特市旧城通道南街东侧。它是呼和浩特市原有八座清真寺中，建筑年代最早、规模最大的一座，故此得名清真大寺。清真寺是穆斯林（回教）

礼拜寺院，即回族人民举行宗教仪式的民族寺宇。

清真大寺，建于清康熙三十二年（1693 年）。大批回族居民自新疆迁到呼和浩特，建造了这座规模宏大的礼拜寺。据《清真寺南北讲堂碑记》记载："自大清定鼎以来，建立多年。"初建时较为简陋。到乾隆五十四年（1789 年）曾重修。1923 年回族群众又募捐再度重修后，便成为现在的规模。全寺占地面积约 4000 平方米。重修时大殿增高 1.7 米，扩大了七间，南北讲堂展后 5 米，增高 66 厘米。寺的总面积扩大了数十平方米。清真大寺坐东向西，中间为朱红色正门。门上楣有"清真寺"匾额及"国泰""民安"四个字。寺门前原有影壁，高丈余，现已拆除。大殿的外墙后壁正对正门。正门南北两侧各有旁门，两边是蓝色的墙面。大门内正面是庄严肃穆的圣殿，除圣殿外还有讲堂、穆斯林浴室、望月楼、教长办公室、乡老会议室、海里翻学经堂等建筑。入寺门后，大殿南北两侧有甬道通往寺院内。大殿南侧有碑亭一座，存碑六面，其中以"清重刻洪武御制回辉教百字号碑"和"重修绥远清真大寺碑"有较大研究价值。

清真大寺

大殿是寺院内主体建筑，造型别致，殿门朝东，是三开拱形门。上楣刻有精细的阿拉伯文，意译为"安拉是天地间的光辉"。大殿前有"月台"，登上月台可进入大殿。殿内壁上绘有经文。殿顶由十二根红漆大柱立撑，支柱上刻着《古兰经》，寺内也藏有《古兰经》三十卷，是研究伊斯兰教的重要文献。大殿内可容五百多人聚礼。大殿房顶上有五座六角顶楼。殿前寺院两侧建有南北讲堂。大殿正东有过厅，厅内壁上绘有麦加的大清真寺和"天房图"。经过厅可通往后院。院内正北有沐浴室。穆斯林沐浴净身后方可入殿礼拜。

最引人注目的一幢伟丽建筑物便是这座大寺东南侧的望月楼。它拔地凌空，秀出云表。登楼远眺，可以把城郊山川物景一一收入眼底。它孤标耸峭，正以亭亭特立见奇。它建于 1933 年，楼高 33 米，平面六角形，六角攒尖顶，每逢"斋月"穆民在楼上望月，望见初月后封斋或开斋，故名望月楼。楼分两层，形如竹节，成六棱体，楼的西面用汉文和阿拉伯文书有"望月楼"三个大字。

同心清真大寺

第一层是外露望台；第二层顶部建有一座六角凉亭，凉亭绮丽雅致。楼顶端的铁柱上装有月牙灯。楼内有七十八级螺旋木梯道盘旋环绕而上。进入凉亭，凭栏远眺，整个青城尽收眼底。它与城内的蒙汉藏各式建筑，荟萃在一起，衬托出呼和浩特这座多民族城市的庄严、绮丽，更有力地说明了呼和浩特是明末清初以来，蒙、汉、藏、回、满等各兄弟民族人民共同劳动和精心打造出来的一座城市，它本身就象征着国内各族人民兄弟般的团结。

青冢拥黛

青冢位于呼和浩特市南9公里的大黑河南岸冲积平原上。墓身为人工夯筑的封土堆，远望陵墓呈青黛色，巍峨高耸，姿态雄伟。唐朝诗人杜甫到此游览时，曾留下过“一去紫台连朔漠，独留青冢向黄昏”的诗句。据说每年“凉秋九月，塞外草衰”的时候，唯有昭君墓上草色青青，因此，历代相传称为“青冢”。“青冢拥黛”被誉为呼和浩特八景之一。

王昭君名嫱，相传有“落雁”之美，为中国古代四大美女之一。汉元帝时被选入宫，公元前33年匈奴呼韩邪单于入朝求和亲，昭君自愿出嫁远入塞外，留下了脍炙人口的“昭君出塞”的故事。

昭君墓封土堆，高达33米，墓前有平台及阶梯相连。第二层平台及墓顶各建有一亭。伫立墓顶，极目远眺，阴山逶迤峥嵘，平原阡陌纵横，墓草青青，古木参天，景色宜人。

昭君墓前方有呼韩邪单于与王昭君马上并辔而行的大型铜铸雕像，形态逼真，两匹骏马相依，单于和昭君英姿丰采，沉浸在一片和睦的气氛之中。昭君出塞和亲是民族团结的象征。

两天的时间来去匆匆，但对我来说，等于上了一堂地方民族史课。在与同行人驱车返回北京的路上，心中仍在翻阅土默川大地这一本大书，大有不虚此行之感……

天边长云暗雪山

青藏

【图说】

“青藏”在这里既指青藏高原，也是指青海省与西藏自治区的合称。

青藏高原是中国最大的高原，也是世界平均海拔最高的高原。其大部在中国西南部，包括西藏自治区和青海省的全部、四川省西部、新疆维吾尔自治区南部，以及甘肃、云南的一部分，另外还有不丹、尼泊尔、印度、巴基斯坦、阿富汗、塔吉克斯坦、吉尔吉斯斯坦的部分，总面积250万平方公里，平均海拔4000-5000米，素有“世界屋脊”“第三极”之称，是亚洲许多大河的发源地，因此它是名副其实的“江河源”。青海和西藏是一片文化积淀丰厚的土地。唐代的文成公主曾远嫁松赞干布，留下了一曲汉藏民族间和平共处的赞歌；而唐代诗人们更是曾在这片神奇的土地上写下了许多激动人心的诗篇，其中的雪山、长云、大漠、寒星，又为唐诗的星空增加了一抹特殊的亮色。今天，古老的高原更是焕发了新的生机，高原上的人们已经走上了一条和平、民主、发展的天路。

【走读】

到青藏去

◎西　峻

“生存惊恐中的宁静，破碎中的无损。”

——题记

西　行

到青藏去，到青藏去！
头顶天大，脚踩地大。
到青藏去，到青藏去！
不知进拉萨的苦多大。
到青藏去，到青藏去！
流下的眼泪比宝石大。

想起这首驼队旧年的歌谣，火车已到宝鸡。我感觉踏上青藏之路是多么令人后怕，可以说，这条路已经不再是完美的天路，机械的进步，必将磨损艺术的光芒。当人们在今天因城市的拥挤与喧嚣而疲惫叹息的时候，“到青

青藏铁路沿线

藏去，到青藏去”这句话竟成了一种放纵，一种时髦，一种姿态，一种活力，好比你忽然换了一个人，换了一种活法。没有谁会停下来，想一想，你有事无事到青藏，去做什么。青藏能承载你的所有吗？直觉告诉我，踏上青藏的那一天起，我就选择了思索，净土旅游的生存境遇与外来游客的精神出路。我担心火车经过茫茫青藏，放牧的藏人会不会睁大眼睛听钢轨压过雪域的声音，他们会不会像叮嘱自己家的尼玛达娃一样，小心翼翼地喊那些过路的牛羊：

小——心——火——车——

我的担忧其实远不止这些：山上的藏羚羊和草地的野马群会不会被远处疾驶而过的庞然大物强硬分开，或是……我不敢想象，在我眼里，所有西藏平凡的人都超越了平凡，所有西藏鄙陋的人都超越了鄙陋，宁静致美，那里离天堂阳光佛祖最近，那里是心灵自然的归宿。

过西宁

高原古城西宁，海拔2260米。仅气候而言，在我看来，她还算不上真正的高原。与进入青藏高原的另一个重要门户成都相比，西宁自然在柔性中多了一丝质感的硬度，湟水河浇灌的土壤，物产怎能不丰富？青蓝的天空，凉丝中永远透着世纪春雨的和谐与美丽，中国西部的人文风光在这里尽显妖娆。

当列车员用藏汉两种语言播报“西宁站已到”，此刻，火车上的人们纷纷打开包，有的拿出相机，有的拿出笔记本，更多的人是站起身来，翻动旅游手册或旅游地图，还有的则认真看手表。我注意到，那一刻，寻找西宁仿佛成了一次声势浩大的集体行为，但我又清楚地知道他们那么专心致志寻找的不是一个叫西宁的人，而是一张西宁旅游地图上红色标记所提示的：北山烟雨、凤台留云、湟流春涨、奇峰突兀、金蛾晓日、五峰飞瀑、虎台雄踞、石峡清风八大景观。

我不是专业的旅行者，开发旅游的人在广博的中国汉语里挑出四个汉字组成的景点对我产生不了多大吸引，相反我更敬重现代汉语本身潜藏的魅力！自己也没想到在这个时候的西宁，我会想起我的学长以及我的同事——王西宁、李西宁、周西宁，当初你们的梦想是当班长、局长、团长，可在那个失败的社会里，我们相继离开。你们找到前进的方向了吗？也许。在尚未成功的年代，谁都不会记得谁在何方。

但在西宁，我的确想起过你！

我打开一本《西宁志》：烤烟、玉米、马铃薯、干水果、彩石、青贝母、鹿茸等这些名字，比西宁更可爱，西宁人民当一生铭记。

遥看青海挂窗前

雪域景色

出了西宁 100 多公里，青海就挂在你的窗前了。

看见了吗？干脆叫它蓝沼好了。

一路上，从没见过这么蓝的水。

我说的不是青海，而是青海湖。我想如果不是隔窗而望，我就不会起疑心。如果火车可以长时间停下来等一个人，我一定要爬上那一座高耸的沙丘，在沙丘与沙丘相连的菜花田里静静地看青海里的湖，我的心一定比现在悸动。如果有人告诉我，说我像小王子一样降临在了蓝星球的某一颗小行星上，我想，我绝不表示怀疑。

太蓝了，莫非是上帝的馈赠？

总不会是女神的眼泪吧？

难道，是我走错了时空？

是湖大？还是海大？矛盾的青海湖，被绚烂的羊羔花围着，其实她更适合羊群漫步湖畔闭上眼睛遐思它们的今生与来世，而倔强的人类让一条铁轨经过她的身旁，那么多人对她大呼小叫，我想，至纯至美的就不再属于湖，而是被虚张声势的火车侵占了。我不敢像 19 世纪的那个名叫亨利·梭罗的人那样，可以一个人静静地在湖边一坐就是长达数月，我怕我思索的枪支走火。我不知道《中国国家地理》在 2005 年将青海湖评选为“中国最美丽的湖泊”是否考虑过她未来的命运。一面湖水可以养育一个省的声名。既然是湖，何不让她永远宁静悠远呢？如果你一定要去看她，求求你，不要尖叫，她只是从你的眼睛里看到了自己的美丽！

格尔木

格尔木，蒙古语“河流密集的地方”。继青海省会西宁之后的又一座西部重镇，也称西部汽车城。有关格尔木，我不想去描绘它的历史，这毫无意义，因为青藏铁路的开通，我只可能是它宿命中一个小小的过客。如果是坐汽车，我肯定会停下来多看几眼这块被多年前的王宗仁先生写进著名散文的土壤。

还是继续说火车上发生的事情吧。

此刻，太阳成了一种很倦怠的颜色。当它坠入地平线的一刹那，格尔木一下子被染红了脸。一道，两道，我数过了……当它恰好跌进格尔木火车站的时候，它一共放射了三道光芒。

这时候，青海湖成了回忆中的剪影。

天边的云彩，竟去向不明。我不思不想地看着日落……

就在这时，我所在的车厢突然出现了一个一脸失望的蒙古男人。

“我找不到她了……”他急切地对在场的人不停重复这句话。

我不知道这个神情恍惚的男人到底在说什么。他拎着大包行囊，像是刚从另一节车厢挤过来找人的。瞧他那失魂落魄的样子，如果我不过去劝他，可能他一辈子都不会移动脚步。

“我找不到她了……”他还是重复着那句我不太明白的话。

“谁，谁，你说的那个她是谁？”有人接上了他的话儿。

他终于缓过神来。我让他坐在我身边慢慢说。他松了口气，告诉我，这里曾是他当兵的地方，尽管他知道他们的营房十年前就迁走了，可他还是惦记着她，还是回来看她了。他侧过身来，眼圈红红地问我：“告诉我，她，他们在哪里？”我以为我会嘲笑他，但我没有！

仰望昆仑

美国现代火车旅行家保罗·泰鲁，在《游历中国》一书中曾写道：“有昆仑山脉在，铁路就永远到不了拉萨。”

可就在公元2006年7月的第一天，世界已然改变，而昆仑山脉依然存在，可想金口玉言或白纸黑字在历史前面是多么不可靠的事情，让许多人难以置信的青藏铁路就这样越过了藏族人称作“阿玛尼木占木松”的巍巍昆仑山！装满氧气设施的列车在国山之母的怀抱奔驰，将现实从内地填补到西藏的历史中去，将旅客们的梦想从北京、上海、成都、重庆等地拉到西藏的宫殿和

雪山

圣湖中去，将改变或影响带到西藏的每个角落和每个人的生活中去。

火车出了格尔木，渐渐驶离柴达木，109 国道开始和铁路并行，直到进入气势磅礴的昆仑山脉。从车上看周围的山已不再是一路行来的绵延起伏，绿肥红瘦，而是高大巍峨，苍雪在上，茫茫戈壁，连绵不断，仿佛玉龙横卧，不由让人想起海子：“今夜我只有美丽的戈壁。”

在海拔 4767 米的昆仑山口，我无意中望见一个熟悉的名字刻在一块经幡环绕的石碑上，他叫索南达杰。几年前我不止一次在文章中提到这位在可可西里无人区与盗猎藏羚羊的犯罪分子的搏斗中壮烈牺牲的藏族英雄，石碑记载着这位环保烈士的生平。也许，这路边一晃而过的纪念碑对于许多旅客来讲算不上什么好看的风景，但我希望我们不要忘了他，我想在我的文字里再呼唤一次他神圣的名字，再仰望一次他悲痛的精神，就像仰望祖山一样刻骨铭心。

于是，我在心里一遍一遍地喊：“达杰，达杰，你在哪里？”

念　青

亿万年前，一系列剧烈的火山爆发开始在这里掀风鼓浪，在深层地壳运动影响下，一座巨大而漫长的山脉拔地而起，长度超过了千里，成就了地球上最长的山脉，它穿越了整个青藏高原，穿越了史诗、画卷，还有我雪一样的青春和灵魂——这就是念青唐古拉。

如果，这时有一双地球以外的眼睛正凝视着地球，那么在它看来，念青一定是这颗地球表面上最明显的地标之一，因为没有哪座山脉像它这样的名字神圣又充满诗味。在念青的北端，山体为草原所覆盖，南端覆盖着终年不化的冰雪。再往南，山体高度缓慢有所下降。

唐古拉山脉虽绵长但不单调，因为听见“念青”，你则不能不念想，对于孤单的旅者来说，踏上青藏也就是踏上了念想之路，这条路也许是念想者的最爱，当有人远远地指着窗外那个泛红泛蓝的山尖对你说“快看，那就是念青唐古拉”的时候，你随便想起生命中的某一个人，你和对方都是世界上最幸福的人。

那一刻，我想到的是神山下的藏族人家和那一群恬静的黑颈鹤。

念青的旅途中，所有事物常常会突如其来出现在你面前：朝圣者、野马、长河、格桑花、雪蛋子、邦锦梅朵、建筑工人……才不过走了几公里，又好像进入另一个崭新的世界，或另一个迥然不同的季节。

在我看来，青藏最美的部分便在念青了。

圣地火车站

太阳换了一个姿势已是夕阳。拉萨到了，云朵走了。

几月前，云朵像天使背上那千丝万缕透明的翅膀裹住我，抬头望了一眼昨天，低头看了一眼拉萨河，我的心灵便感恩起来。

夕阳像是女娲手中抛出的天鹅蛋，落在宫殿式的圣地火车站便跌得稀碎，慢镜头里溢出的蛋黄涂满了泛红的钢轨。天边，那一条长长的天路如同被点燃火的青龙。但火很快又被排山倒海般赶来朝圣的老阿妈的大手扑灭了，天边，最后只剩下一堆生不如死的灰烬。

这时再抬头看天，天上的大鹰去无方向。

真想就在这里独自好好等待夕阳再回来。

这是一个怎样的火车站呢？怎么会有这么大的魔力？

如果说只有一个骑自行车的男人为它不远几百里赶来，为它长达一天一夜的守候，我还可以理解的话，那么它怎么会让这么多无事不登三宝殿的男人和女人穿着盛装从四面八方赶来？此时，距青藏铁路通车已经一月有余了，我也不信，难道他们仅仅就是为了看它一眼，我猜想，这里面一定有一个谜，一个深藏不露的谜。

对于那群男人和女人，莫非圣地火车站会比布达拉宫更精彩？

很快，我的视线被一个牵骆驼的藏族人给挡住了。“咦，来看火车的？”他是在问我，还是我要问他？我呆呆地立在那里，我这是身处何方？我问我自己。原来他挡住我的去路只是为了与我说一句话，“嘿嘿，还是拉萨好吧，拉萨天天都有太阳晒。我去过你们的那些个地方，半个月也见不到太阳……”

拉萨：光芒下的城市

一个个王朝的背影重重叠叠，辉辉又煌煌，一片片不可逾越的充满光彩的碎片，寂寂又灭灭，不确定年代的瞬间，遍地充满诱惑和危险，像风雪一样不加解释地就把时光卷走了。拉萨，这块曾经被英国远征军带队上校荣赫鹏描述得过于荒凉的边地，如今依然称得上世界历史遗迹最古老的城市。日光，蓝天，诗人，经卷，战争，紫外线，历史渊源都让拉萨早已成为西部甚至整个大陆最令人神往的地方。

空中看拉萨像一块农田，昔日的藏人为了使佛都规划完整，同时得自然之神的庇护，便按照前藏有史以来的第一块农田设计了拉萨。城西的药王山是拉萨的头部，也是这座城市的一个制高点，英军侵略西藏时，曾一度想摧

远眺拉萨

毁它，无奈搬不动那些坐如钟的佛祖，只好作罢。

布达拉宫位于拉萨的肚脐上，这座宫殿不仅供奉着巨大王朝之身躯，还保存着历代达赖喇嘛的金身之座。龙王潭坐在布达拉宫的脚下静观昨日的失败与辉煌，这座公园正是维系古城拉萨的生命之源。

拉萨是一个充满色彩的城市，每一座建筑，每一幅唐卡，每一座广场，每一条街道，每一片经幡，每一缕阳光，每一个节日，每一个舞蹈，每一声说唱，每一只狗，每一滴泪，甚至每一块石头无不在讲述它过往的历史。在西藏人眼中，天堂不在隔壁，拉萨是上帝的家。

虽然历经了殖民征服的烽火硝烟，古城拉萨依然可以让你在第一眼之后受到强烈的心灵震撼，阳光的抚慰力是任何文化背景的人都无法避开的，它就像苍凉的佛手不着痕迹叩响你的灵魂。走进拉萨，千年灵光，它的神秘、慈悲、传说都会令人有心灵跌宕、灵魂超生之感。

今夜，我把石头还给天路

一个气温如同凉白开水的日子，我走出拉萨，去了遥远的墨脱。

天路尽头，我两手空空，苍茫时握不住一只鸟的影子。静思，今夜我在墨脱，这是雨水中的一座潮湿的城，我让脚步停下来，我把十二块石头还给

天路，今夜，我让十二朵雪莲重新生长。

我在黯然销魂的煤油灯下整理几天以来的青藏笔记，静思，今夜我拒绝抒情。因为，公路至今无法抵达墨脱，遥远的铁路也许太寂寞。

全世界海拔最高的铁路，全世界工程难度最大的铁路，它刺破了我的天空，我的蓝就此一病不起。尽管它在地理、战略、政治和军事上的重要性可以用丰功伟绩来铭刻，可对沉睡了千年的青藏梦想来说，轰轰隆隆的铁轨必将对千年的传统、文化、经济、生活等诸多方面带来无法忽略的影响。千年的神话结束了，对于一个靠想象力来维护心灵西藏意境的人，我祈祷千年青藏梦千万不要醒来，我宁可只坐飞机不坐火车，我宁愿火车永远到不了拉萨。虽然火车比飞机热闹，比飞机安全，比飞机漫长，而且可以遇到一大堆朋友，可以在冬天里靠说话取暖，但我生怕火车惊醒青藏的神秘与传说。

这是事实，也是现实！

现实使人成了最善于改变生存环境的精灵动物。作为写作者，我只能在改变中去探访青藏，去关心防紫外线的车厢将如何一节一节地渗透到青藏高原普通人民的生活之中。回到拉萨，在亲见并沉思这一条现代文明的空中青龙穿越古老传统文明的历史时刻，你改变了吗？

我接受改变，关注影响。

藏区铁路

【胜 迹】

游览建议路线

青海湖 · 塔尔寺 · 万丈盐桥 · 布达拉宫

青海、西藏名胜分布示意图

大昭寺　古格王国遗址

从军行七首（其四）

【唐】王昌龄

青海长云暗雪山，
孤城遥望玉门关。
黄沙百战穿金甲，
不破楼兰终不还。
（初中生必背古诗词）

王昌龄 像

关山月

【唐】李　白

明月出天山，苍茫云海间。
长风几万里，吹度玉门关。
汉下白登道，胡窥青海湾。
由来征战地，不见有人还。
戍客望边邑，思归多苦颜。
高楼当此夜，叹息未应闲。

李白 像

兵车行

【唐】杜　甫

车辚辚，马萧萧，行人弓箭各在腰。
耶娘妻子走相送，尘埃不见咸阳桥。
牵衣顿足拦道哭，哭声直上干云霄。
道旁过者问行人，行人但云点行频。
或从十五北防河，便至四十西营田。
去时里正与裹头，归来头白还戍边。
边庭流血成海水，武皇开边意未已。
君不闻汉家山东二百州，千村万落生荆杞。
纵有健妇把锄犁，禾生陇亩无东西。
况复秦兵耐苦战，被驱不异犬与鸡。
长者虽有问，役夫敢伸恨？
且如今年冬，未休关西卒。
县官急索租，租税从何出？
信知生男恶，反是生女好。
生女犹得嫁比邻，生男埋没随百草。
君不见，青海头，古来白骨无人收。
新鬼烦冤旧鬼哭，天阴雨湿声啾啾

杜甫 像

【名篇】

天堂下的布达拉（节选）

◎祝　勇

一

我看到了世界上最高的纪念碑，选择了接近天堂的位置，仿佛高悬的灯，即使在遥远的距离以外，人们也投以仰视的目光。它比阳光传播得更远，因为它更慷慨、仁慈和神圣，它能穿透黑夜，抵达阳光不及的死角。由青藏线进藏，沿途常会见到磕长头前往拉萨的藏民，他们合拢的手掌永远指示着两个方向——天空和拉萨。他们的表情中已经透露了布达拉宫的尊严。走进拉萨之前，我已从每个朝拜者的脸上，看到了布达拉宫红墙的反光。

在拉萨，早上拉开窗帘我就会看到它——布达拉宫就在喜马拉雅饭店的窗外，如时间一样永不消失。每天的阳光最早降落在布达拉宫金顶上——它们之间有着最迅捷的通道，使布达拉宫金顶最早接受来自天空的讯号。这表露

远眺布达拉宫

了布达拉宫与天堂不同寻常的关系。我甚至认为在天空深处还有一座布达拉宫，与我们视野中的那座宫殿遥相呼应，只是层叠的云朵与青蓝的苍穹遮蔽了我的视线。在布达拉宫里穿行的僧人，则是神明与凡人之间的中介者，他们的语言如晶莹的法器，闪烁着天空的光泽。

布达拉宫始终如一地保持着与天堂的对话，使用着绝无仅有的语种，只有德行高尚的僧侣才能听懂。在藏文面前目不识丁的我自然无从领会这些玄奥的对话——即使汉语经文，对我来说也是一个完全隔绝的世界——但我能够依稀感觉到在布达拉宫上方飘动的音韵，像歌声一样悠扬，时聚时合，似有还无。我预感到布达拉宫这座无比巨大的石头经书中蕴藏的信息，它容纳了西藏几乎全部的精神和历史，我决心去读它。我迈上了宫殿的第一级台阶，仿佛掀开了一本厚重经书的第一个页码。

二

我听得到早晨的声音。阳光如同天空散落的佛珠，自宫殿的金顶滚落，最先是金顶中央那只最高的宝瓶，紧接着就如落雨般密集，顺着金色歇山顶的沟槽蔓延，红白两色的宫殿旋即明亮起来，如同老人在深夜里用酥油灯点亮的神话。我听得到阳光在宫墙上行走的嚓嚓声，由远及近，由模糊而清晰。在夜与昼的边界线上，来自天国的照明，使布达拉宫犹如一片巨大的幻影闪现出来。阳光如同福音一样无微不至，并像目光一样深入石墙的每一个凹痕。

朝圣者从早晨就来到布达拉宫广场。应该说布达拉宫广场是整座城市最先苏醒的神经。化石般坚硬的夜晚一点点被阳光融化，朝圣者带着梦境中残留的寒意出现在布达拉宫早晨的光环中。在空气稀薄的高原上，阳光是最浓稠的物质，伸手可触，有着丝绸般凉滑的质感，如天堂垂下的帷幔。我看见那些逆光的剪影，磕长头的每个分解动作在帷幔后面交替出现，金色的阳光反衬出他们卑微的身影。即使相隔很远，我也能够听见他们以额头叩击大地的声音，仿佛神秘的鼓点，有着特殊的韵律和节拍。

旅游者一律从东门进入布达拉宫，而朝圣者则从西门。细心的人能够听出两种脚步的差别——前者很重，有如一种沉闷的钝音，还夹杂着粗粝的喘息声，好像劣质的乐器传达出的不和谐音符；后者则小心而轻盈，就像缭绕在他们唇齿间的祷告之声。旅游者与朝圣者按照各自的线路进入布达拉宫，去兑现它截然不同的功能。第一次走进这座宫殿，我就发现了这一奥妙——观光客与虔诚的教民，始终是逆向而行，他们无法合流到同一队伍中。它的好处是使我总能从正面观察朝圣者的面孔，藏教的全部教义都写在那些面孔上。我看见牙齿残

缺的老人一丝不苟地趴伏在地上，再艰难地起来，嘴里的祷告声从不中断。他们把仅有的纸币放在神像的边缘，如同把整个生命交付给神灵。

三

我面对布达拉宫，那座无数次出现在各种印刷品上的神奇的宫殿，而眼下，我把那些无所不能的报纸网络影视一律抛在了身后，它们因我执拗的脚步而全都丧失了功能。一个微不足道的小人物站在伟大的建筑面前，对于双方,这是两个意义极不相称的事件。无法解释我为什么因为“看到”而兴奋，我甚至还无法确定我究竟“看到”了什么——被布达拉宫收藏的细节，远比它呈现出来的更多。或许我应该这样询问自己：我是否进入一个假设性的前提中，用自己脚上的血泡来验证自己预置的结局？我并非宗教信徒，但我认为宗教的主要功能是赋予我们想象的权利——这点起码的权利正被我们所拥戴的物质生活一点点蚕食。谁能说我们所求取的物质生活不是一个假设性前提？又有几人能证明全部的幸福已经包含在我们“唯物主义”的生活之中？布达拉宫,这座政教合一的宫殿不仅是一种视觉奇迹,也是在接近天空的地方，为我们沉闷的俗世生活开启的一扇天窗。

我同样相信在布达拉宫面前，所有千里迢迢的朝圣者都会百感交集，只是他们不会像我一样感到意外，因为他们每天都行走在通往天国的途中。他们与我们的区别之一在于他们从不谈论“西藏”，尤其当它日益成为现代都市里一股不可抗拒的时尚的时候。我并不讳言我的“观赏者”的身份——我必将离去如同我必将到来，也从不讳言“西藏”将在以后相当长的历史时期内成为我叙述的对象，但这一切在朝圣者眼中都显得微不足道，他们朝圣的途中聚集了无尽的苦难，这些苦难会轻而易举地瓦解一个见多识广的旅行者虚弱的优越感。

四

我看到了几百年前的布达拉宫，因为在近几百年中，它并无多少改变。时间总是借用空间场地来展现它的形骸——空间容易被看见，而时间却不能。即使动用我们全部的感官系统，时间仍然躲在暗处，如同幕后的谋士，拒不出示他操控世界的双手。据说人类空间感的产生先于时间感，我想这大抵是因为空间是在视觉作用下直接呈现出来，而时间则依靠记忆对空间的变化进行组接。

作为空间形态的布达拉宫坐落在布达拉山（即红山）之上，由宫堡、城堡和林卡（园林）三个部分组成。有红宫、白宫、朗杰扎仓、扎厦、僧官学校、

布达拉宫前的佛塔

王坚觉、夏钦觉、结布觉、旦玛觉、瑶西、藏军司令部、印经院、监狱、骡马圈、供水院等建筑，这些对我而言难于记忆的专有名词有如一组艰涩的词条，注释着西藏社会生活的方方面面。它的修建史又贯穿一千二百多年，它回环交叉的走廊和楼梯，可能指引我们现身于任何一个历史现场——达赖喇嘛一身绛红色僧袍在白宫的寂圆满大殿主持修行仪轨、僧俗官员列队穿越门楣上方排列着象征七政宝的七头狮子的政务大门、藏军士兵屹立在瞭望碉堡上守卫城堡、东欢乐广场上举行盛大的跳神活动（每年藏历十二月二十九日），从白宫第八层东日光殿敞厅的窗子里，浮现出达赖喇嘛古奥的面孔。迷宫样的布达拉宫如同刻度清晰的坐标，为五界中的各色人等安排了明确的位置，而那些伟大的死者——诸如五世、七世、九世、十世、十三世达赖喇嘛——的灵塔，则被供奉于宫殿最高处的金顶群中，成为布达拉宫的永久居民，在最高处，观望着尾随在他们身后的历史……

但是时间毕竟有着不可估测的深度，即使站在布达拉宫顶端，我的目光也会在时间的某一个远方戛然而止。在我目光的终点之外，布达拉宫的建筑曾经几度发生变化。最早读到有关布达拉宫的文字是从五世达赖罗桑嘉措的《西藏王臣记》里：

在红山那里，筑起三道围城。然后，在围城当中，修起了堡垒式的宫室九百九十九座，又在红山顶上修起一座来凑足千座之数。这些宫室都装饰以金铃、珍珠网鬘、缨络等物，显得十分壮丽，真可与天宫相媲美。藏王和王妃的宫室之间，是以银桥和铜桥来连接在一起。宫室的基地上竖有一千支尖端锋利的长枪，枪上系着随风飘动的美丽长幡。四面又有能收集一切财物资具的四门，各门之上是穹窿的屋顶来装饰。外面利用低洼坑道作为跑马聚点的跑马场，深二度（长度，约5尺）、宽十八度、长三百度。在坑道上面排列着木板，板上铺着厚砖。这样做的作用是，一马飞驰就有万马奔腾之声。

总的说来，由于福德的力量，俨然是把罗刹王楞伽山主拥有的十项城，都搬到了雪域西藏的那般景象。

如此神异的描绘在今天看起来有点像夸张的虚构。一位神仙建立起自己的宫殿只需施展一点魔法，而对于一位英雄来说则需要建立一番伟业。松赞干布成为这一命题的接受者。他用生命中一半的时间荡平吐蕃，用另一半时间建筑辉煌的宫殿和寺庙。对空间的占有仰赖时间的援助，我在想象中听到时间的尘埃在缓慢地落定，看到红山的高度在一厘一厘地长高。已经很难推测究竟是在什么时候，农奴搬上去最后一个石块，工匠涂抹上最后一道金漆，完整的布达拉宫第一次耸立于高原之上，仿佛俗世中的臣民对天国梦想的总和，绚烂的王宫，完成了对冰雪王国的一次神奇的改造。据说当时的布达拉宫虽然在高度上不及今天，但是由于当时红山和药王山还是一脉相承的两座山峦，因而布达拉宫在两座山峦上错落铺展，只有站在现场，才能想象它昔日的雄浑。如此豪华的布达拉宫幻影般消失了，连同松赞干布、文成公主这一对英雄美人风流的影像、俊俏的神姿，以及从未泯灭的雄心，都如江河里的倒影流失于历史的暗夜里。时间在协助英雄完成业绩之后，又断然抽走了由它提供的旋梯——这是它的不可理解之处，它经常出尔反尔，亲自篡改自己的意志。由于失去了时间的支撑，布达拉宫巨大的空间终于坍塌下来，留下的只是一张谜语样的地图和一段锈迹斑驳的传说。

那座往日之宫的砖石大部分消失了，变成五世达赖罗桑嘉措笔下的一堆弯曲而华丽的藏文。这让我们看到空间依赖时间的性质，丢失的空间只有在时间中才能找回自己，而尚存的空间也只有通过时间才能证明自己的实体性。时间是对空间最中肯的评语。

可以理解松赞干布寻求永恒的努力，但他的努力显然没有得到时间的首肯。不仅他建造的王宫灰飞烟灭，连他建立的统一王国也在他辞世后土崩瓦解。烽烟四起，群雄逐鹿，在松赞干布的背影消失之后，西藏翻版了春秋战国的历史。丧失了空间的证明之后，松赞干布的业绩已经不可能以视觉化的形式存在于世，这又使他的

布达拉宫一角

生命成为一段业已封闭的道路，消逝于时间的荒野里。这是空间对时间的报复，空间在消失的时候顺便销毁了一个英雄生命的痕迹。

五

死去的松赞干布在整整一千年后得以“复活”，17世纪中叶，五世达赖罗桑嘉措决定用真实的石头取代他优雅的藏文，复现布达拉宫的壮丽神奇。沿着时间的虚线，后人又牵到了一度消逝的线索，被冰雪覆盖的历史记忆一点点苏醒过来。时间仿佛又回到原点，像旋转的法轮一般严丝合缝。五世达赖打开了那扇隐秘的暗门，时间就又回到了原来的河床上，仿佛从来不曾断流。

松赞干布留下的布达拉宫只有隐约的残迹。松赞干布和文成公主相继去世后，西藏发生了一场动乱。与漫长而艰难的建造过程形成对比，刚刚修筑起的布达拉宫还没来得及给世界留下一个清晰的轮廓，就在动乱中被迅速烧毁，只剩下少数殿堂，追述着松赞王朝的往事。建立和毁灭，中间只有短暂的间隔。此后，赤松德赞时期，一场雷火又将剩余宫殿全部毁灭。朗达瓦动乱使西藏陷入持续四百年的分裂中，萨迦王朝的政治中心在萨迦，帕竹王朝的政治中心在乃东，噶玛王朝的政治中心在日卡孜（日喀则），布达拉宫沦为一堆被人遗忘的废石，如同散乱的古文字，将一个时代汹涌的气势掩埋在无人察觉的深处。

藏区常见的佛塔

喇钦朗热瓦在他设计的白宫修建图中创造了时间的奇迹——他用灰烬再现了那座被时间吞噬的宫殿，五世达赖亲自为白宫图纸作了吉祥加持，于是，纸上的宫殿，被按照比例放大于红山之巅。时间显然遭遇了它真正的敌人——信仰。信仰成为西藏人与丢失的历史、圣洁的宗教之间的联结物。于是，布达拉宫出现在几乎与原来相同的位置上，只是高度有所增加（五世达赖辞世后，在第巴桑结加措的主持下，又在白宫的基础上修建了红宫，使布达拉宫的总高度达到115.703米）。重新获得的空间使封冻的时间再度活跃起来——游散的时间被迷宫似的幽深宫室吸纳进去，消失于那层层叠叠四通八达的木质楼板中，不见了踪迹，又随时可能在喇嘛的一声咳嗽中复现。在某一个楼层神

秘的转角，我们可能瞥到时间布满灰尘的肩膀。孔德（A. Comte）曾经提出过一个意义深刻的命题：世界历史在其发展的程序中越来越多地为死者所决定和操纵，而越来越少地为生者所决定和操纵。从某种意义上说，松赞干布的业绩并没有消失，它从喇钦朗热瓦的图纸中辨认出自己，并从罗桑嘉措和桑结加措们那里寻找到似曾相识的身影。时间并非绝缘体，松赞干布跨越了一千年的时光与罗桑嘉措们对话，阳光照亮了他们的声音，仿佛照亮一把清脆的藏刀，让敌人消失，让天国的光环永远护佑布达拉宫。

法王洞里，松赞干布的金身塑像，表情如昨。

【链 接】

布达拉宫屹立在西藏首府拉萨市区西北的红山上，是一座规模宏大的宫堡式建筑群。最初是松赞干布为迎娶文成公主而兴建的，17世纪重建后，布达拉宫成为历代达赖喇嘛的冬宫居所，也是西藏政教合一的统治中心。整座宫殿具有鲜明的藏式风格，依山而建，气势雄伟。布达拉宫中还收藏了无数的珍宝，堪称是一座艺术的殿堂。1961年，布达拉宫被中华人民共和国国务院公布为第一批全国重点文物保护单位之一。1994年，布达拉宫被列为世界文化遗产。

祝勇（1968－ ）

1968年8月15日出生于辽宁省沈阳市，原籍山东东明。著名青年散文家。至今已出版作品三十余种，其中长篇实验文本《旧宫殿》曾获中国作协郭沫若文学奖。还著有散文集《与梦相约》《用心灵守候你》《忧郁扎成鲜花》《文明的黄昏》《驿路回眸》，作品集《祝勇作品集》（含3卷《被思想惊醒》《智慧的痛苦》《在梦中搁浅》）等。

【今作】

拉萨看树

◎ 凌仕江

拉萨的树，值得一看。

有一个男人，每年都会独自一个人千里迢迢去拉萨看树。准确地说，是去看他自己的树。他已经连续去了二十多年，那里的树总是让他眼含热泪。拉萨并不是他的故乡，拉萨他一个亲人，哪怕是一个熟悉点的人，也没有。他总是选择冬天去看那里的树。那时的风很疼，那时的雪很硬，那时的树，几乎一件衣服也没穿，就那样赤条条地面对他。

那是一个相当寂寞的地方，那里有许许多多的纪念碑。他每年都来，他说，如果以后他老得走不动了，爬也要爬到拉萨来看树。

拉萨河畔绿树成荫

他要成为拉萨的一棵树，一棵会开花的苹果树。

那片陵园里长满了历史的树，每当鸟鸣春来，那些苹果花就像白色的硝烟，飘荡在纯净的云朵下。

是什么让他如此眷恋拉萨的树呢？

后来终于有人告诉了我，那树下的确葬着一个他喜欢的人。至于那是个什么样的人，我想我一定可以知道，但你不能知道，因为我不能说，也不想说。在得知他与树之间的秘密之后，我一直狠狠地堵住自己的嘴，像英雄奋不顾身用身体堵住枪眼一样果断，生怕走漏半点风声。我对那棵苹果树说，你放心，我永远不会说。我不说，也许就再没有人知道他们的事情。我们永远不需要知道。我把他们的故事像珍藏美丽一样在记忆中不断更新，只想让故事更美丽，尽管这在当时发生那样的事会被人看作是一种耻辱。

高原上的树

不说就是不想再触摸过去的错误，所谓的错误往往不值得总结。尽管那样的事情很严重，但为了美丽的忘却，什么也不要说，还是说说拉萨别的树吧。

布达拉宫背后的龙王潭公园有很多很多的树，它们有的参天，有的婀娜，像身披绿纱的公主，有的看上去丑了点，像永远拧不干的被单，有的很矮，有的老得不想睁眼看天了，甚至它们的身上都歪七扭八地长满了青苔，青苔上面爬满了虫子和野花，它们就是出现在画家汤先生笔下的《拉萨唐柳》。多年前，在报社工作的汤先生赠我唐柳一册，嘱咐我为此评论一番，但那时的我才疏学浅，虽也画过几年国画，但对拉萨的唐柳知之太少，于是便自作主张，将那本以拉萨唐柳为写意背景的国画册子转赠给了成都军区机关要笔杆子的周先生。我之所以如此行事，是因周某曾在拉萨从军多年，对拉萨的树，尤其是唐柳感情最为深刻，他的文字之风有种唐柳的风韵，早让我仰慕。不久，周先生的评论见诸汤先生就职的报纸上，于是我懂了两个男人对拉萨的痴情，对唐柳的执着，对一个地方的沉默与对一片树林的浪漫。

虽然这些唐柳看上去没有内地城市里的树好看，但它们绝对比城里的树更精神，更有历史的营养，更有吃苦耐劳的本领，更接近于自然的生长，它们比生活在这里的人更缺少氧气，因为它们把自己创造的氧气送给了这里的

人们，它们完全可以和巴丹吉林沙漠腹地的胡杨树站在一起，它们照样可以做到：活着，一千年不死；死了，一千年不倒；倒了，一千年不烂。从某种意义上说，它们就是高原的精魂，它们就是不屈的老西藏精神。

拉萨街头的行道树

唐柳在拉萨十分普遍，几乎随处可见。尤其在一些寺院或古建筑等地方，看到它们，我就感觉非常清凉，好比朝圣的人们看到了文成公主的塑像。即使有的地方只剩下了一些树桩，但它还在继续发芽，你还可由此想到一些过往的人和事，虽然他们不一定与树有关，但他们一定与拉萨有着一些情感联系。这就是拉萨与众不同的味道，它比别的城市更重情，不会在你转身离开之后，一下子就把你忘记，相反，它会牢牢地记住你，于是你的回忆里有了一个加快你思念的词叫“念念不忘”。

在罗布林卡，我见到一棵不知名的树，叶片有点像无花果身上的那种叶，孤零零地长在一座宫殿旁。树枝上面结满了红红的果实，地上掉落了一地的红。说真的，这棵树能在这高原活下来，本身就是一个奇迹。我第一眼看到它时，眼睛就灿烂了一瞬，当时正值中午太阳最为得意的时候，它那红透的果子被刺目的光线照耀得犹如晶亮的糖葫芦。我激动，不是因为它诱人，而是它的孤独。就在离这棵树不远的地方，拥挤的人们都聚居在一场藏戏的四周，他们几乎忘记了这棵树的存在。你想，一个有血有肉的生命，一个有着甜蜜梦想的生命，被那么多的笑声和掌声所拒绝，该是何等生不逢时？我蹲下身，拾起一粒红，闻到了它的芳香，我不知道我是不是它巧遇的第一个有心人，反正我站在它的面前，看见它抖动着身子，仿佛听见它在说：我是树，我是神的树，我比神还孤独啊。

其实，拉萨人爱树是有目共睹，有口皆碑的，只是他们从不拿树来说事儿。去拉萨看树，你会发现，只要是稍微长了点年纪的树，它们都披上了经幡，戴上了哈达，可见拉萨人对树的崇敬和忠诚由来已久。在这里，还可以说说爱树的模范人物谭冠三将军。可以说，拉萨的许多树种都是由谭将军引进西

胡杨与菜花

藏的。我没有见过谭将军，但我见过由谭将军种在拉萨的树。在某军史馆的老照片陈列室里，谭将军挥汗抡锹，拓荒开地，干劲十足，完全一副农民大哥的派头，汗水无声地浸透了他的衬衣。当时，在熙熙攘攘的参观人群中，我没有多想，只感觉这种场面，任何解说词都显得苍白，甚或多余。一年又一年，谭将军种的这些树，在拉萨死了又生，生了又死，生生死死，攸关将军心，但最终它们还是生根发芽，开花结果，由拉萨生长到了林芝、山南、日喀则等地，其中让我想起就很甜蜜的树，叫苹果树。这看似有些不合情理，但过去荒凉的高原的确被将军手把手地抚爱成了苹果的故乡。由此你就不难想象，将军叱咤风云，其英名载入史册是有前情的，那便是壮举。

有一次参加一个会议，我无意中听说谭将军还有另一个壮举，他曾经试图把湖南老家的橘子树引种到拉萨，但由于当时的气候原因，谭将军始终没能让橘子树在拉萨扎下根来，这让我听了或多或少有些遗憾。

假若谭将军健在，他一定可以望着拉萨的橘子树，仰天大笑一回。

如今，拉萨不仅有了橘子树，还有桃树、梨树、葡萄树，总之会结果的树一年比一年增多，有的人在盆景里栽活的树也挂满了果子，只要你望着那些硕果累累的树，你一定感受不到你是在高原，你是在拉萨，你就像是在自家的庭院里漫步一样。

突然有一天，当我忘记自己还身在拉萨的时候，我看到了一片妩媚动情的树，它们就像外地突然闯入拉萨的游客一样，花枝招展地伫立在宇拓桥头，那么不合时宜，让人那么羞涩，又让人感觉它们是那么鹤立鸡群。虽然这些进口的树，于拉萨和我都还没有建立什么感情，但看见它们还是让我的眼睛有了一次神采飞扬。尽管我不会，也不愿意俯在它们肩膀上合影，比起过去的树，它们在拉萨成活少了一些艰辛，少了一些生活的挫折经历，少了更多的付出，多了几分愉悦，多了几分微笑，多了几分时间握不住的成长和神速，但这足以

拉萨河畔

象征或见证一座城市的实力和豪气，政策或观念，一个失魂落魄的人总有重新站起来的一天，就像一棵树的成长过程一样，只要他冲破变奏的气流站起来了，就可以仰天长啸。我不知这些树是哪一天进驻宇拓步行街两旁的，当一缕晚风掠过它们身边，我看到了新的拉萨，新的生命，季节渐趋分明的圣城不再惧怕和低吟冬天的死亡，当树杈与树杈全部枯萎，当你在人的世界里撞得头破血流，不要叹息，离他们远一点，像树一样保持一定的距离，然后狠狠地钻进地里去，你就可以看见森林，你就能听见小鸟在歌唱，你甚至可以比他们自信勇敢一点，密密麻麻的树舒展着一年四季蓬勃的力量，它们在拉萨神采奕奕地唱着自己的情歌……

坐在树下的人，你听见了吗？

公园里茂盛的行道树

西藏男人

◎ 凌仕江

西藏是天然的山的博物馆。

站在海平面的高度，仰望西藏——西藏则是一座植根于地球直冲九霄云外的山。西藏的山是一种大手笔的山，看多了看久了，使人不知不觉中便产生出一种渺小感。因为，此时看山的人也是男人。

可以说，到过西藏或没有到过西藏的人，其印象中的西藏从来没有离开过对雪山的想象。在绵延百万平方公里的雪域大地上，由东向西，自南往北处处都是山！在这样高度之上生活的我，一直钦佩西藏男人的智慧。西藏女人给我印象最深的是那一条舞动的长袖，而西藏男人让我记住的则是那一条胳膊，用一句精辟的歇后语表达——露一手。无论春夏秋冬，那一根经受风霜日晒的胳膊都露在外面。我总

拉萨河→

担心哪一天，它会像柴火棍棒将雪域四周白雪皑皑的群山烧成白色火焰。

那一年冬天，在藏南谷地的土路上，一位英国游客愁眉不展地问一位从风雪中走来的藏族男人：你把胳膊放在外面，不冷吗？藏族男人没有停下脚步，只是面带微笑地看了一眼焦急中等待回答的老外，然后很淡然地从口中丢出一句：“你的脸也在外面，你冷不冷？”

世界上有各种各样的回答，我认为，这是西藏男人最机灵最幽默最有力的回答。

如果说西藏女人是打酥油的好手，那么西藏男人则是喝茶的高手。他们可以无忧无虑从早上九点喝到晚上深夜，甚至可以从茶中喝出自己的爱情。这是西藏之外的茶馆和茶客所不及的。在拉萨八廓街周围的甜茶馆里，进进出出的都是西藏男人，但西藏男人不一定都是拉萨本地人。据我所知，他们多数是从远方慢慢挺进拉萨这座藏传佛教圣城的。在我阅读西藏的页码中，看到最多的词汇便是远方。仿佛远方的远方，总是散落着一些遥遥远远的像石子一样的地名。但许多人说到的都是阿里，那曲，林周，泽当，山南，日喀则等地名……因为拉萨的遥远，这些地名常常只能跟随一些人影在路上滚动。滚滚朝圣路，最初或许只有一个或两个磕长头的男人，一步一磕，无比虔诚。当远方渐渐成为眼前的现实，拉萨逐渐在蒙尘的双眼里清醒的时候，

雪山与河流

雪山与河流

磕长头的男人一拨，一群，似乎都是为了去赴一座城市的约会。

我看见过一个从比如到拉萨来的西藏男人。这里说的“比如”是一个县，藏语意为“母牦牛群”。我并没到过比如，也极少在书本中读到这个地名，对我说起比如的人是一个在那里工作了几年的乡村教师。地处那曲地区东部、唐古拉山和念青唐古拉山之间的比如县，属怒江上游流域。公元前4世纪，西藏古代12小邦之一的苏毗部落兴起，比如此时属于该部落。公元7世纪，松赞干布兼并苏毗，统一了西藏。比如归“苏毗茹”管辖，1732年归驻藏大臣直接管辖。辛亥革命爆发后，又归噶厦地方政府管辖。1941年，噶厦地方政府撤销霍尔基巧，设6个宗，比如正式成为一个宗，1959年9月下旬，比如县人民政府正式成立，隶属那曲（原为黑河）专区管辖至今。县府驻比如镇。那个西藏男人出现的时候，我们正在欣赏唐卡。他在有点亮有点暗的八廓街的走廊里，向我显露他腼腆的笑容。我不知道他在远处打量我多久了，他的眼神里有某种远古的、动物般的信赖，他一边微笑着，一边用手去护卫他那件露出半边臂膀的绛红色藏袍。朋友见状，便指着他告诉我，那是我们比如的男人，他到拉萨已经两个多月了，他在甜茶馆里走火入魔般的爱上了一个从内地进来的女人。

这时，我才发现，他打量的人不是我，而是乡村教师。

从某种意义上可以说，拉萨的甜茶馆和拉萨的寺庙有着同等的吸引力。这里远离现代竞争，在这里坐着喝茶，一天两天，一月两月，一年两年，心头始终会浮起一缕时光悠悠的韵味。西藏男人无论在茶馆里坐多久，走上街头，看到的还是一样的行人，一样的经幡，一样的雪山，一样的太阳，我想他们的微笑在这里也是可以长久的。

这时，我注意到了人丛中最惹眼、笑容最明朗的康巴汉子。他们三三两两挤在人堆里，头上的红头穗在经年的阳光里特别扎眼。康巴汉子也是藏族，过去多数住在四川的马尔康一带，那里曾经是一个独立的省份，叫西康省。

高原湿地

前不久，我去九寨沟旅游路过西康，那里的太阳没有拉萨的持久有力，因为丰茂的草地吸光能量特别大，所以康巴汉子的脸膛虽然红润，但不像青藏高原上的西藏男人那样呈紫铜色。西康尽管有不少湖泊，但风吹过后，依然干烈。依我乡下人的审美观来看，康巴汉子个头长得人高马大，脸有棱有角，轮廓分明，就像电视里的美国西部牛仔儿，他们腰里佩着镶嵌蓝宝石的藏刀，男子汉神态凛然自若，步子随意而执着，具有一种与生俱来的自信与高贵，那画家笔下的脸谱一半在阳光里，一半在阴影里，看上去就像藏青的浮雕，一种来自意识里的神秘，便这样浮了上来。

作为男人，我当然羡慕他们。我知道，你比我更羡慕他们。

我羡慕早些年，时不时有一些时髦浪漫的法国女郎，到拉萨来挑选康巴汉子作为梦中的白马王子。相中之后，便把他们带回自己的国度。可是，异国风情的姻缘维系得并不长久。因为爱不仅仅只是身体的满足，驯服彼此其实都是一件不太快乐的事情。尽管拉萨可以直接与世界对话，但致命的是，爱的土壤是不容改变的。我想象当他们被送回这块土地的时候，感慨一定比他们离开时还要复杂！因为他们又恢复了康巴汉子这个骄傲的名字。

站在西藏男人身边，那些被书页卷起来的对话声就像虫草在风中轻轻蠕动，弥漫在身边的尽是威武中透着金属质感的豪爽，他们的声音就像穿过阳光的子弹，从不拐弯

——“老板，藏刀要吗？”

——“卓玛，来一壶甜茶。”

——“好好好，在玛吉阿米等我。”

——“坐上我的马儿，让我带你去听纳木错湖边的涛声。”

……

西藏男人的歌声像山谷的风一样，无论如何抒情，也掩不去那刻骨的苍凉，这样的真情足以征服每一座雪山上有着真情的灵魂！在你遇到困难时，他们会默默地伸出粗糙有力的手。那个时候，你一定会很感动地说谢谢，但

西藏男人表情只有羞涩了。

西藏有世界上最高的山。

西藏的山都是一些大块面，大色调呈现为黄色、紫色和黑色，和峰顶积雪的白色组合起来，绝对是一种超然、大手笔、大气势的构图。翻开西藏厚重的历史，发现藏族发展的历史并不是对这些山的征服、掠夺、厮杀的斗争史，而是与山为伴、与山相爱、与山厮守的历史，可以说西藏的男人都是山做的。但西藏的山并不险峻，甚至也不巍然，常常是光秃秃的，连作为山之装饰的草木都没有，但它磅礴厚重，具有一种承载时空的力量。

欣赏西藏之山的这个男人，脸上至今没有长出美丽的“高原红”，他与这些层见叠出的山的肤色格格不入，但他常常席地坐在阳光下，眯缝着眼睛看山，看天，看云，看鹰群掠过，目光就像西藏男人一样神采飞扬。

高原彩虹

他望着山，什么话也没说。最终闭眼冥想，也许这种艺术品的创造者，只能是上帝。

凌仕江（1975-　）

青年散文家，四川自贡人，系中国作家协会会员，西藏自治区青联委员。主要作品有诗集《唱兵歌的鸟》、散文集《你知西藏的天有多蓝》《飘过西藏上空的云朵》《西藏的天堂时光》《说好一起去西藏》等多部。

白雪无花只有寒

天山

【图说】

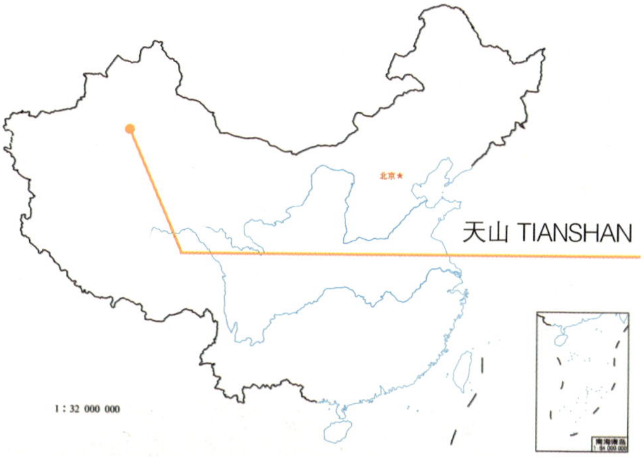

“五月天山雪，无花只有寒。笛中闻折柳，春色未曾看。晓战随金鼓，宵眠抱玉鞍。愿将腰下剑，直为斩楼兰。”专爱月亮的李白，一生也未曾到过天山，却在诗中对那片大西北的天地神思悠悠。诗人把在人们印象中只有大海上空才常见的云月苍茫的景象，与雄浑磅礴的天山组合到一起，显得新鲜而壮观。

然而，真正的天山，她就像夏日的大地上突兀而起的诗篇，在辽阔的新疆大地上另起一行。天山是亚洲中部的一条大山脉，横贯中国新疆的中部，西端伸入哈萨克斯坦。长约 2500 公里，宽约 250-300 公里，平均海拔约 5000 米。新疆的三条大河——锡尔河、楚河和伊犁河——都发源于此山。

天山的雪峰博格达峰上的积雪终年不化，人们叫它“雪海”。在博格达的山腰上，有一个名叫“天池”的湖泊，池中的水都由冰雪融化而成，清澈透明，像一面大镜子。洁白的雪峰，翠绿的云杉倒映湖中，险要的地势，丰富的资源，使天池成为天山的名片。

【走读】

亭亭一片明镜月

◎王　悦

天山：丝绸之路的枢纽，壮士报国的梦想

汉代开辟的丝绸之路，不仅是盛极一时的商业之路，更成为古中国对外文明、睦邻友好的重要通道。西汉时，自玉门关、阳关出西域的北道上，有两条重要岔道：一是由焉耆西南行，穿塔克拉玛干沙漠至南道的于阗；一是从龟兹（今库车）西行过姑墨（阿克苏）、温宿（乌什），翻拔达岭（别垒里山口），经赤谷城（乌孙首府），西行至怛罗斯。由于南北两道穿行在白龙堆、哈拉顺和塔克拉玛干大沙漠，条件恶劣，道路艰难，东汉时在北道之北另开一道，隋唐时成为一条重要通道，称新北道。新北道由敦煌西北行，经伊吾（哈密）、蒲类海（今巴里坤湖）、北庭（吉木萨尔）、轮台（半泉）、弓月城（霍城）、碎叶（托克玛克）至

天山风光

怛罗斯。这里提到的轮台等地，均为天山附近的地名。遥想两千年前的古中国，无数装扮各异的客商，沿着那条崎岖的山路，跋涉在天山的怀抱中，或带来西域文化，或带走中原文明。

也许天山在许多人的心目中，只是个模糊的影子，并不知道古诗文中何以屡屡提及此地。唐代著名边塞诗人李益，在他的《从军北征》里写道："天山雪后海风寒，横笛遍吹行路难。碛里征人三十万，一时回首月中看。"这是一个怎样壮阔而又悲凉的行军场景啊！诗的首句"天山雪后海风寒"，是这幅画的背景，只七个字，就把地域、季节、气候一一交代清楚，有力地烘托出了这次行军的环境气氛。这样，接下来不必直接描述行军的艰苦，只用"横笛遍吹行路难"一句就折射出了征人的心情。《行路难》也是一首声情哀怨的笛曲，而这里用了"遍吹"两字，更点明这时传来的不是孤孤单单、声音微弱的独奏，而是此吹彼和、响彻夜空的合鸣，从而把读者带进一个悲中见壮的境界。诗的后两句"碛里征人三十万，一时回首月中看"，是这一片笛声在军中引起的共感。句中的"碛里""月中"，也是烘染这幅画的背景的，说明这支远征军不仅在雪后的天山下、刺骨的寒风里，而且在荒漠上、月夜中，这就使人加倍感到环境的荒凉、气氛的悲怆。

云雾中的雪峰

无独有偶，宋代的爱国诗人陆游，也在他的《诉衷情》中，提到了遥望中的天山："当年万里觅封侯，匹马戍梁州。关河梦断何处？尘暗旧貂裘。胡未灭，鬓先秋，泪空流。此生谁料，心在天山，身老沧洲！"陆游一生，始终念念不忘祖国的统一，保持着强烈的爱国之心。这里的"天山"便成为放翁万里从军之志实现的地方。篇末的"心在天山，身老沧洲"两个四言对句，用八个字使理想与现实，报国立功的热望和投闲置散的冷遇，处于尖锐的对立之中，从而揭示了作者悲愤的根由和实质。"心在天山"，又与开头的"当年万里觅封侯"相呼应，表明报国之心始终不渝。"身老沧洲"并非意在叹老，而是愤恨权臣误国，致使自己请缨无路，白首无成，含意较深。

天池：八骏日行三万里，穆王何事不重来？

在中国神话中，“瑶池”是个有特别意义的地方，它被公认为是西王母的仙居。西王母被道教尊为万神之母，其地位可以说是一神之下，万神之上，而“瑶池”作为这位女神的寝宫，自然也名声显赫。自古以来由“瑶池”派生出来的神话举不胜举，如西王母和穆天子的瑶池相会，以及被誉为仙界盛典的“蟠桃大会”都出于此。唐朝大诗人李商隐有首《瑶池》就是写西王母和穆天子相会离别后的思念之情，诗中写道“瑶池阿母绮窗开，黄竹歌声动地哀。八骏日行三万里，穆王何事不重来？”因而瑶池被蒙上了一层扑朔迷离的神话色彩，成为万众心中仰慕的仙界。

而瑶池就是今天的天池，它位于新疆阜康市南的博格达峰下，离市区30公里，是闻名世界的高山湖泊，海拔高度为1910米，比泰山极顶还高。“乱山倒影碧沉沉，十里龙湫万丈深”，这是清代大学者纪昀《天池》诗中的句子。

有的时候，风从牧群中间送过来银铃似的叮当声，那是哈萨克牧女们坠满衣角的银饰在风中击响。牧女们骑着骏马，健美的身姿映衬在蓝天、雪山和绿草之间。她们欢笑着跟着马群驰骋，而每当停下来，就轻轻地挥动着牧鞭歌唱她们的爱情。

晴空下的天池

这雪峰、绿林、繁花围绕着的天山干果牧场，位置在海拔两三千米以上。每当一片乌云飞来，云脚总是扫着草原，洒下阵雨，牧群在云雨中出没，加浓了云意，很难分辨得出哪是云头哪是牧群。而当阵雨过后，雨洗后的草原就变得更加清新碧绿，远看像块巨大的蓝宝石，近看那缀满草尖的水珠，却又像数不清的金刚钻。

特别诱人的是牧场的黄昏，落日映红周围的雪峰，像云霞那么灿烂；雪峰的红光映照到这辽阔的牧场上，形成了一个金碧辉煌的世界，蒙古包、牧群和牧女们，都镀上了一色的玫瑰红，当落日沉没，周围雪峰的红光逐渐消退，银灰色的暮霭笼罩着草原的时候，你就看见无数点点的红火光，那是牧民们烧起铜壶在准备晚餐。

你不用客气，任何一个蒙古包都是你温暖的家，只要你朝火光的地方走去，不论走进哪一家的蒙古包，好客的哈萨克牧民都会像对待亲兄弟似的热情地接待你。渴了你可以先喝一盆马奶，饿了有烤羊排，有酸奶疙瘩，有酥油饼，你可以一如哈萨克牧民那样豪情地狂饮大嚼。

风过天池

当各家蒙古包的吊壶三脚下的野牛粪只剩下一片片红火烬的时候，夜风就会送来冬不拉的弦音和哈萨克牧女们婉转嘹亮的歌声。这是十家八家聚居在一处的牧民们齐集到一家比较大的蒙古包里，欢度一天最后的幸福时辰。

过后，整个草原沉浸在宁静中。如果这时你披上一件皮衣走出蒙古包，在月光下或者繁星下，你就可以朦胧地看见牧群在夜的草原上轻轻地游荡，夜的草原是那么宁静而安详，只有潺潺的溪水声引起你对这大自然的遐思。

野马·蘑菇圈·旱獭·雪莲

夜幕中，草原在繁星的闪烁下或者在月光的披照中，该发生多少动人的情景，但人们却在安静的睡眠中疏忽过去了；只有当黎明来到这草原上，人

高山草场一角

们才会发现自己的马群里的马匹在一夜间忽然变多了，而当人们怀着惊喜的心情走拢去，马匹立刻就分为两群，其中一群会立刻奔腾离你远去，那长长的鬣鬃在黎明淡青的天光下，就像许多飘曳的缎幅。这个时候，你才知道那是一群野马。它们由几匹最骠壮的公野马领头，机警善跑，游走无定，夜间混入牧群。它们跟许多牧马都熟悉，相见彼此用鼻子对闻，彼此用头亲热地摩擦，然后就合群在一起吃草、嬉逐。黎明，当牧民们走出蒙古包，就是它们分群的一刻。公野马总是掩护着母野马和野马驹远离人们。当野马群远离人们站定的时候，在日出的草原上，还可以看见屹立护群的公野马的长鬣鬃，那鬣鬃一直披垂到膝下，闪着美丽的光泽。日出后的草原千里通明，这时最便于去发现蘑菇。天山蘑菇又大又肥厚，鲜嫩无比。这个时候你只要立马瞭望，便可以发现一些特别翠绿的圆点子，那就是蘑菇圈。你朝它们前去，就很容易在这三四丈宽的一圈沁绿的酥油草丛里，发现像夏天夜空里的繁星似的蘑菇。眼看着这许许多多雪白的蘑菇隐藏在碧绿的草丛中，谁都会动心。一只手忙不过来，你自然会用双手去采；身上的口袋装不完，你自然会添上你的帽子、甚至马靴去装。第一次就能采到这么多新鲜的蘑菇，对一个远来的客人来说是一桩最快乐的事。你把鲜蘑菇在溪水里洗净，不要油，不要盐，光是白煮来吃就有一种特别鲜甜的滋味，如果你再加上一条野羊腿，那就又鲜甜又浓香。

天山上奇珍异品很多，我们知道水獭是生活在水滨和水里的，而天山上却生长着旱獭。在牧场边缘的山脚下，你随处都可以看见一个个洞穴，这就是旱獭居住的地方。从九十月大雪封山，到第二年四五月冰消雪化，旱獭要整整在它们的洞穴里冬眠半年。只有到了夏至后，发青的酥油草才把它们养得胖墩墩，圆滚滚。这时它们的毛色麻黄发亮，肚子拖到地面，短短的四条

旱獭

腿行走迟缓，正可以大量捕捉。

另一种奇珍异品是雪莲。如果你从山脚往上爬，超越天山雪线以上，就可以看见青凛凛的雪的寒光中挺立着一朵朵玉琢似的雪莲，这习惯于生长在奇寒环境中的雪莲，根部扎入岩隙间，汲取着雪水，承受着雪光，洁白晶莹，柔静多姿。这生长在人迹罕至的海拔几千米以上环境中的灵花异草，据说是稀世珍宝——“好花开遍雪中莲。世间冷尽繁花梦，天外飞来绰约仙。脉脉素心人万里，亭亭寒影鹭双拳。乞公碧藕长生种，采向瑶池不记年。”

据传“一代天骄”成吉思汗曾登上天山博格达峰，并在此会见当时西来传道的长春真人丘处机，询问其“有无长生之药”，丘处机答以“有卫生之道，而无长生之药”“敬天爱民为本”“清心寡欲为要”，以戒杀、清心寡欲等养生之理劝喻太祖。太祖深深折服，并以虎符及玺书赠之。

【胜 迹】

游览建议路线

喀纳斯湖 · 楼兰遗址 · 天池 · 天山神秘大谷

天山名胜分布示意图

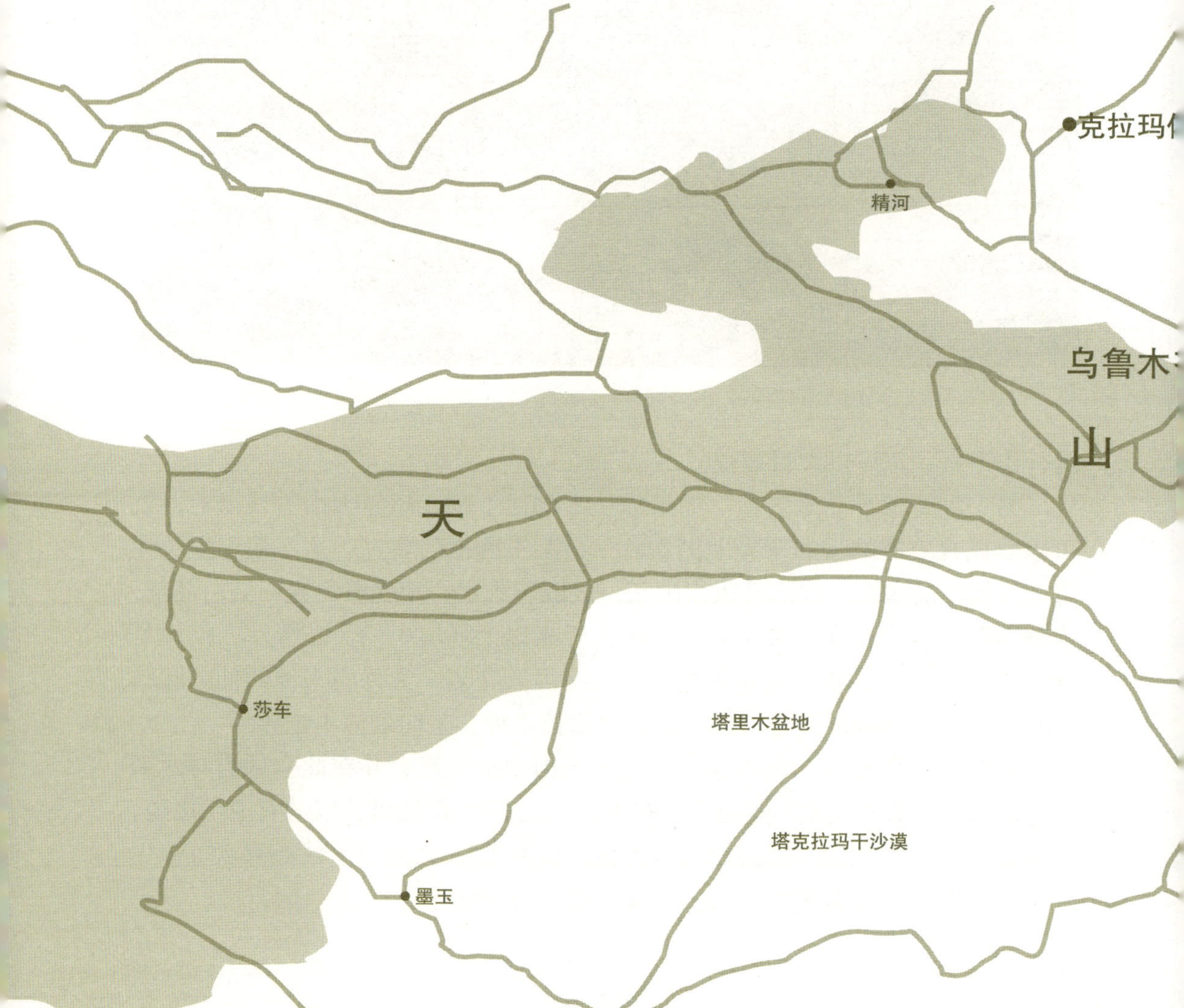

塞下曲六首（其一）

【唐】李 白

五月天山雪，无花只有寒。
笛中闻折柳，春色未曾看。
晓战随金鼓，宵眠抱玉鞍。
愿将腰下剑，直为斩楼兰。

（高中生必背古诗词）

李白 像

白雪歌送武判官归京

【唐】岑 参

北风卷地白草折，胡天八月即飞雪。
忽如一夜春风来，千树万树梨花开。
散入珠帘湿罗幕，狐裘不暖锦衾薄。
将军角弓不得控，都护铁衣冷难着。
瀚海阑干百丈冰，愁云惨淡万里凝。
中军置酒饮归客，胡琴琵琶与羌笛。
纷纷暮雪下辕门，风掣红旗冻不翻。
轮台东门送君去，去时雪满天山路。
山回路转不见君，雪上空留马行处。

（苏教版语文九年级上）

岑参 像

博格达山

【清】宋伯鲁

月出通天柱，神池载地灵。
水分双派碧，山带百峦青。
松雪留仙蜕，莲花入帝瓶。
三峰绝倚傍，终古插苍冥。

宋伯鲁 像

天 池

【清】纪 昀

乱山倒影碧沉沉，
十里龙湫万丈深。
一自沉牛答云雨，
飞流不断到如今。

纪昀 像

【名篇】

忧郁的巩乃斯河

◎周 涛

草原不管有多么辽阔和健康，它的河流，都是郁郁的，有一种无法说清的忧愁。

这条河的水面还算宽阔，一石头扔过去，总到不了对岸。水也深沉，你亲眼见过，有次摆渡，还没挂好链子，一辆载重卡车就往上开，结果前轮上了摆渡，后轮下了河，不一会儿整个车就看不见了。

这条河是有点怪，坦坦荡荡的大草原上，二百米外就看不见它了。而站在河边，对岸十里纵深却一览无余。水是灰白色的，被两岸的荒草芦苇和白杨林衬上了一层幽幽的淡绿。水流平缓而有漩涡，寂寞而又自视甚高。它从另一个国家流过来，像一支忧郁的古歌，静静地

远眺巩乃斯河

在巩乃斯大草原伏行、扭动，好像是一个同时爱上了两个人的美丽少女，满面忧伤，一肚子不可告人、无法诉说的痛苦。只有到冬天，她才能硬下心肠，凝成大理石一般的宽敞冰面。

天山牧场

你已经来到这儿十三天了，每天的任务就是摆渡过河的车马行人。岸上有个大绞盘，铁链子一直从河面伸到对岸，河里是一座由两条船拼起来的平板摆渡。

对面一吆喝，噢，有人过河。哗啦啦，你就放铁链子，然后咯吱咯吱地摇，让船过来，铁链子的声音和绞盘的声音像它们浑身的铁锈一样陈旧。年代久远，听起来很容易联想到一位缺了门牙的、害有严重风湿性关节炎的哈萨克老人含混不清的话音。

那年月草原上空空荡荡，有时候整整一上午也见不到一个人。你独坐岸边倒也清闲，反而想听听生锈的铁链和绞盘的声响。那声响本来浑浊沉重，但是平稳的河水在下面起了什么作用，仿佛洗去了那声音里的杂质，露出了它金属的质地，空旷寂静的河面上，那声响便显得好听起来，很是悠然，还带着回音，特别是早晨，有薄雾和水汽，这声响就更好听和神秘。

你就像连队派到这条河上的一个观察哨，每天在这条河上转来转去，摆渡反而像是捎带着干的，其实你不过是临时来换工的。摆渡老头会种瓜，连队请去帮忙，你就来替这老头。你喜欢干这件事，没人约束，悠悠逛逛，好不容易摆渡一趟，过河的人都笑嘻嘻地感谢，似乎是你在干什么好事，那倒也是，你不像个干摆渡的，倒像个大学生。因为你本来就是大学生，你的连队就在离河不远的那几排土房子里，一百多号人，全是大学生——史无前例时期的倒霉鬼，男倒霉鬼和女倒霉鬼。唯独你忙中偷闲，得了个没人监视的美差，来和这条河做伴，很快，你就发现这条河韵味无穷。

散漫着真好，百无聊赖着也真好。这么懒洋洋地，寂静地，你听着时间蛇一般从草丛上爬走。浪费了的生命，鸟一样在树枝上停候了很久，忽然一蹬腿，飞了一天的光阴就飞得无踪无影，真好。浪费有一种快感，把大把大

融雪的河流

把的被人们视为金子一样的东西浪费掉，就像挽不住的滔滔流水那样，任它散漫，任它拐弯儿，任它胡乱滔滔，把什么都割舍干净就真的无拘无束了。

一只白色水貂，银白的，它从临河的一截树干窟窿里露出了头，一对小而圆、圆而黑、黑而亮的小眼睛正望着你，滴里轱辘的，自行车轴里的滚珠一般，转来转去，然后定住，直瞪瞪地盯着你，猜你的心思。

你纹丝不动，觉得应该变成一棵人形的树才好。不料却打了个喷嚏。它倏忽一闪就从窟窿里钻出来，只一眨眼就已经在一丈开外的原木堆旁，一动不动盯着你。你简直弄不懂它是怎么过去的，又是怎么停住的。

但是它太美了，它离你这么近，仿佛是让你欣赏一下它暴露在空地上的全身，全身的银白，白得像一只纯银制成的假物。毛色柔和地诱惑着你的手，想摸一下，尾巴很长，身形也细长如黄鼠狼，大小却像一只老鼠。你想起来了，摆渡老头说过，水耗子。耗子？耗子哪有这么精神、漂亮、高贵、优美！唉，你遗憾的是人们偏偏给那些罕见的优良物种连合适的名字也舍不得起。他们给这精灵的称谓竟是如此丑陋、难听。因为他们见惯了的是耗子，那种蠕动的黑乎乎的东西，当然也是生命，但实质上是对生命的亵渎，是造物主生产出的大量废品。而它是精灵，是有独立生存能力的大自然的珍品。它不是水耗子，是水貂，它的头部，首先就不是老鼠那样的尖嘴贱相，而是有些略像狗头，银白的，勇猛而又机敏，并且充满自信的头，眼睛也完全不像白鼠似的病态发红，而是黑亮有神，体形就更显得矫捷柔韧，猎豹一样。

这是一种缩小了体形的猛兽，可爱极了。

你试着朝前走了几步，想抓住它，养起来，可是你知道你抓不住它，它太灵活，太迅速，一眨眼就不见了。你不能不眨眼，这精灵就在你眨眼的刹那，一闪，躲开你，远远地又在一个意想不到的地方，露出银子一般优美的头，你要追急了它，它就往河岸的草丛里一钻，潜进水中，拖着一条水纹在宽厚的河流里游走。再不理你。

于是巩乃斯河岸上的唯一一点可爱的生趣，被你赶走了。河流，依然平

静忧伤地蜿蜒在土壁和高崖形成的深谷里。

黄昏时分，摆渡老汉的老伴从对岸的农场拾麦子回来了。满满实实的两麻袋，全是麦穗子头。

高山牧场

她一吆喝，你就哗啦啦，放铁链子，咯吱咯吱，往回摇。你不用问就知道，夏收的时候她故意不割干净公家的地，完了往自己的麻袋里使劲拣，也不嫌腰弯得疼。她这辈子饿怕啦。

再缓一会儿，摆渡老汉换工就转回来了。那老汉一张嘴就离不开个“球”字，好像在他眼里，这全世界上除了“球”字就没剩下啥可值得说说的。你说老人家，今年多大年纪啦？他顺嘴就给你个烂顺口溜。“我？唉，”他装出一脸的倒霉相说，“老咧老咧，没板咧。鼻涕多咧，牙齿松少咧，胡子长咧毛短咧。”

有一回中午，老汉（你心里这么叫他）的老婆煮苞米棒子请你吃。炊火在阳光下燃得美滋滋的，老汉盘上腿就打瞌睡，头一点一点地朝裤裆里栽，一愣，闪醒了。你说，做啥美梦呢？哈喇子都淌得像跑松一样。

老汉微眯着老眼，说咱们还能做出个啥美梦，还不是老大和老二算了一会账么？这回没带“球”字，不过老大是指脑袋，老二还是个“球”。

老汉啊，你自己整个儿就活成个球了，你兴高采烈地把看见水貂的事儿给他讲了。你说：“水貂，银子一样的白水貂！”你又恢复了学生腔调，你一忘乎所以，就露出这一套。老汉斜了你一眼：“水耗子么？”你说你想弄一只养起来，可是抓不住。老汉说，可不敢抓，它又不是个耗子，人家是个捕活肉的东西呢，谁敢抓，一口咬断你的指头尖尖呢。

他不帮你抓，可是你感到了满足。因为老汉承认它不是耗子，而且语气中透出了一些敬佩和珍惜。这和你认为它是精灵实质是一样的。你感到了异常的充实。

这时，你猛然扭回头，朝河对岸白杨树隔着的驿道望过去。

一片激烈杂乱的犬吠声和马蹄声正追逐着奔驰过来，在幽暗的黄昏闪动如影，有惊心动魄的战乱前的预兆。

高山牧场即景

你看过去，知道是你的顾客们过来了，真正的顾客。远古时代就存在的骁勇的顾客，正从远方的驿道上奔驰过来，他们将请求你让他们渡河。

大约有五六匹马驮着醉酒的人，被沿途所遇见的全体纠合起来的猛犬狂吠着追咬。醉汉们已经在马背上前俯后仰，大声唱歌，并不时地猛探下身去，挥臂鞭打纠缠在马蹄前后的凶猛大头狗。一马鞭抡下去，空中便准定刺过一阵尖利得似乎带着骂声的嚎叫，“嗷——”

你觉得那狗差点儿就能骂出脏话，然后，一片马蹄声就变得更杂乱了，醉酒的人们隔河高叫，像一伙朴实的响马。狗们追够了也就完成了任务，渐渐散去。

老汉说，这些个又喝醉了。他说完就钻回他的木头屋子里去了，像见了另一种动物的动物那样避开。

你觉得振奋，觉得感动。你先是哗啦啦好一阵子，接着就咯吱咯吱。

醉酒的人，骑在马上从岸边上了摆渡船，有的马小心翼翼，用鼻子嗅着前面试探，像近视眼一样谨慎地跨上木板。有的则昂起头嘶叫，屁股往后坐，不肯上船。醉酒的人一鞭子，那马一扬前腿，就蹦上去。马蹄上的铁掌在摆渡船的木板上很响，很清脆，像一群穿了高跟皮鞋的漂亮女人，在甲板上焦急地走来走去。

美丽的山涧

你故意摇得很慢，那五六个骑在马上的醉酒者立马船板之上，移动的船体在河面上平稳滑动，载着这伙草原上的牧人，如一幅黄昏的油画，亦如一群坐在你掌心上的待渡者。你觉得那里面可能有葛里高利那小子，你故意慢慢摇，你舍不得眼前这一幕很快就消失，你要摆渡他们，从彼岸到此岸，中间是一条忧郁的河。河面还算宽阔。

你忽然觉得是这么回事儿，摆渡人们——不仅是醉汉，而是更多的人——用的只是两条破船拼接起来的工具，年代久远，浑身铁锈的铁链子和绞盘。但是那声音正因为久远而显得浑厚，正因为陈旧而显得有味道。它们被忧郁的河水洗练了之后，会变得清新、单纯，变得好听。人呵，请注意谛听！

周涛（1946-　）

诗人、散文家。祖籍山西，少年随父迁徙新疆。1969 年毕业于新疆大学中文系，现为新疆军区创作室主任。出有诗集、散文集二十余种，曾获全国诗集奖、第一届鲁迅（散文）奖和全军八一奖等。

【今作】

天　池

◎ 刘白羽

古人云：“人在画图中。”我到天池就是这种感觉，仿佛自己落入深蓝色湖面印着雪白冰峰的清澈明丽的幻想之中了。这一天之内我觉得风是蓝的，阳光是蓝的，连我这个人也都为清冷的蓝色所渗透了。

早晨，从公路转入崎岖山谷，盘旋上山。山上林木变化，分为三段：山下开阔河床中，冲激着冰凌般潺潺急流，在这里，老榆成林，一株株形状古怪，如苏东坡所说：“如猛兽奇鬼，森然欲搏人”；到山腰却是密密层层的杨、柳、枫、槐，秋霜微染，枝头万叶如红或黄的透明琉璃片，在阳光中闪烁摇曳，在这里，天山雪水汇为悬空而落的飞泉，在森然壁立的峡谷中一片涛声滚滚；到了山顶则是一望无际的墨绿色挺立的云杉，植物适应着温度高低而变化，可见其山势之陡峻了。

天池一角

天池小景

我走到山坡别墅，在洒满阳光的阳台上坐下来，我的面前这时展开了整个天池，这不像自然景色，而是一幅油画。你看，这广阔的湖面，被满山云杉映成一片深蓝，这深蓝湖面之上，又印上雪白的群山倒影。这时我才恍然我并未到山之极峰。你看，天池那面，还有层层叠叠更高的白峰，人们告诉我，最高一山名叫博格达峰。这天池，显然是更高的天山的雪水在这里汇集成湖。偶然一阵微风从空中拂面而来，吹皱一湖秋水，那粼粼波纹，催动蓝的、白的树影山影，都微微颤动起来。同游的人们都欢欢喜喜奔向天池边去了，我很希望一个人留在这阳光明亮的阳台上，沉醉于湖光山色之中，让我静静地、细细地欣赏这幽美的风景。在我记忆里面，这天池景色，也许可与瑞士的湖山比美，但当我沉静深思着，把我自己完全融合在这山与水之中，我觉得天池别有她自己的风度，湛蓝的湖水，雪白的群峰，密立的杉林，都显示着深沉、高雅、端庄、幽静。的确，天池是非常之美的。但，奇怪的是这里并不是没有游人欢乐的喧哗，也不是没有呼啸的树声和啁啾的鸟鸣，但这一切似乎都给这山和湖所吸没了，使你静得连一点声音也听不见，如果让我用一个字来形容天池之美，那就是——静。

从第一眼瞥见天池到和她告别，我一直沉默不语，我不愿用一点声音，来打破这宁静。但在宁静之中却似乎回旋着一支无声的乐曲，我不知它在

高原湿地

哪儿，也许在天空，也许在湖面，也许在林中，也许在我心灵深处，“此时无声胜有声”。不过这乐曲不是莫扎特，不是舒曼，而是贝多芬，只有贝多芬的深沉和雄浑，才和天池的风度相称。是的，天池一日我的心情是宁静的，这是我最珍爱的心境。湖光山色随着日影的移动而变幻。午餐后，睡了一会儿，一阵冷气袭来，就像全身浴在冰山雪水之中。我悄悄起来，不愿意惊醒别人，独自走到廊上，再次仔细观察天池：雪峰与杉林，白与黑相映，格外分明，雪山后涌起的白云给强烈阳光照得白银一样刺眼，在黑蓝色湖与山的衬托下，一片金黄色的杨树显得特别明丽灿烂，我再看看我的前后左右，原来我所在的红顶屋就在云杉密林之中，我身旁就耸立着一株株云杉，一株株挨得很紧，而每棵树都笔直细长冲向天空，向四周伸展着碧绒绒枝叶，绿色森然。太阳更向西转，忽然，静静的天空飞卷着大团灰雾，而收敛的阳光使湖面变成黑色，震颤出长长的涟漪。不知为何，我的心忽地紧皱起来，我不知道如果狂风吹来暴雨，如果大雪漫过长空，那时天池该会怎么样呢？……幸好，日光很快又刺穿云雾而下，湖光山色又变得一片清明，只不过从杉林中、从湖面上袭来的清气显得有些寒意了。我们就趁此时机，离开天池下山。

山路崎岖弯转，车滑甚速，一路之上，听着飒飒天风、潺潺冰泉，我默默冥想：天池风景，是那样宁静而又变幻多姿，是那样明朗而又飞扬缥缈，我觉得在天池这一天进入了一个梦的境界。待驰行到山下公路上回头再望，博格达峰在哪里呀？群峰掩映，暮霭迷茫，一切都沉入朦胧的紫色烟雾，天池也在“夕阳明灭乱山中”了。

文人与北疆

◎碧　野

岑参：剑气箫心两销魂

在历代诗人中，没有谁能像岑参那样对祖国西北边防事业投入那么充沛的感情，也没有谁能像岑参那样对新疆的风物那么尽情讴歌的了。岑参写的关于新疆的边塞诗，是盛唐气象的反映，是祖国西北边疆最为壮丽的赞歌。天宝八年（749 年），三十五岁的岑参，怀着豪迈的情怀，踏上了西赴新疆的万里征途。

描绘赞美新疆的奇异风光，便成为岑参诗歌的重要内容。他写新疆的风雪严寒，不是阴森凄凉使人觉得恐怖，而是雄浑豪壮，反倒使人感到有一种不可抗拒的生机运行于其中。封大夫西征前的一天晚上，狂风骤至，“轮台九月风夜吼，一川碎石大如斗，随风满地石乱走”，

天山景观

大风好像要为西征的大军呐喊、清路；出发时，“马毛带雪汗气蒸，五花连钱旋作冰，幕中草檄砚水凝”，风雪严寒，好像要为西征的大军催行、助威；上路后，“四边伐鼓雪海涌，三军大呼阴山动”，天山、雪海都在为大军鼓涌。虽然“剑河风急雪片阔，沙口石冻马蹄脱”，作者写来仍带着赞赏情调，一点也不让人觉得可怕。在平时，北庭是“秋雪春仍下，朝风夜不休”（《北庭作》）；轮台是“四月犹自寒，天山雪濛濛”（《北庭贻宗学士道别》），但他并不为此发愁，却感到“轮台风物异”，觉得有趣。特别是那首《白雪歌送武判官归京》，在轮台看到八月飞雪，欣喜异常，“北风卷地白草折，胡天八月即飞雪。忽如一夜春风来，千树万树梨花开”，其惊奇欣喜之状可见一斑，把寒潮骤至的风雪严寒，写成繁花似锦的春景，使人感到兴味盎然，这些诗句遂成千古绝唱。至于“瀚海阑干百丈冰，愁云惨淡万里凝”“纷纷暮雪下辕门，风掣红旗冻不翻”，天上地下，整个成了白色的冰雪世界，更是气象雄浑。“轮台东门送君去，去时雪满天山路。山回路转不见君，雪上空留马行处”，人们生活在这样的冰雪世界里，似乎一切都被净化了，只剩下朋友之间的情谊，被这冰清玉洁的世界反衬得越发深挚。

岑诗中对天山冰雪皆赞美之词，无厌恶之语，一首《天山雪歌送萧治归京》，又一次尽情赞美了天山雪景：“天山有雪常不开，千峰万岭雪崔嵬……”全诗十六句，送别的话四句，只占全诗的四分之一，其余全写天山白雪，且四句送行语中还有两句写雪。从北庭——今吉木萨尔南望，天山山脉东段的主峰博格达即在目前。千峰万岭，终年白雪皑皑，直插青冥。“能兼汉月照银山，复逐胡风过铁关”，天山雪峰光射四野，直达南疆的银山、铁关。又一夜风雪，形成“阑干阴崖千丈冰”的伟观。雪还在下着，萧治踏上归途，一切都被晶莹洁白的雪覆盖，临

雪峰

别无以为赠，“唯有青青松树枝”，象征着友谊万古长青。背景是完全的洁白，情谊是永不褪色的青绿，而这天上地下浑茫一片的冰雪，那烛照千里的冰峰，不是更能激荡人的心灵，让人神往么？尽管这首诗中也写到了交河鸟飞绝，轮台马蹄滑，狐裘卧不暖，宝刀要冻断，却毫无沮丧之气，只有豪迈雄壮之概，诗人的胸怀何其博大！

纪昀：宦海生涯多烟云

纪昀（纪晓岚）是清代乾隆年间著名的文人，无论是小说还是民间传说中，总把他的形象与风流倜傥、才高八斗、深受皇恩联系起来。然而现实中的他，宦途并不如意。他可算是无奈与新疆、与天山亲密接触者。乾隆三十三年（1768 年）六月，据《清高宗实录》记载，两淮盐政卢见曾因有营私贪污行为而被革职查办，纪昀因为通风报信而被发配乌鲁木齐。这件事《清朝野史大观》的记载更为生动有趣：当时纪昀得知消息，想预先通知卢家。但又怕引火烧身，不敢轻易传话、写信。他想出了一个绝妙的办法，把一点食盐和茶叶封在一个空信封里，里外未写一字，星夜送往卢家。卢见曾从中悟出暗语：“盐案亏空查封。”后经刘统勋等人的严密侦缉，纪昀通风报信之事败露，同年十月，被遣戍乌鲁木齐赎罪。在乾隆三十六年六月奉召回到京城之前，纪昀在新疆待了两年多。在这段日子里，纪昀对人生有了更深切的感悟，体会到了君主的喜怒无常、官场的险恶与世态的炎凉。一种人生的空幻感与弥漫感伤的情绪时时萦绕于心际。然而大西北的独特风光，特别是天山的风景，也给了这位河间才子极大的震撼。前面游览图页中的《天池》诗便是一例。此外，他的《阅微草堂笔记》中，有关新疆的故事有 90 条。或未为可信，犹得一窥民风。

林则徐：苟利国家生死以

人们往往会记住林则徐虎门销烟的壮举，却少有人关注他事后被发配新疆的经历。1842 年，林则徐被“从重发往新疆伊犁，效力赎罪”。初到伊犁的林则徐百无聊赖，经常到城南外欣赏伊犁河景。伊犁河是新疆最大的融雪型内陆河，横跨中哈（哈萨克斯坦）两国。因时常泛滥，这条巍巍天山孕育的生命之源，却时刻威胁着惠远城。而且，惠远城内根本挖不出井，人们只能到城外的伊犁河边取水。林则徐到来之后，并没有采用原有的方法，而是发明了一种水车。这种水车取水很方便，解决了当时城里数万人吃水的困难，被一致称为“林公车”。

伊犁河的荷花

林则徐到新疆后，不仅看到了沙俄的勃勃野心，还目睹了这里的荒凉景象。他认为，要充实边防和改善民众生活，最好的办法是实行屯田备边。他建议将垦地分给当地维吾尔族民众耕种，并把原来的屯兵制改为操防制，使边防驻军既从事耕种，又进行军事训练，做到屯田与备边相结合、兵与民结合，在西北边疆筑起一道铜墙铁壁。

从 1843 年秋开始，林则徐以衰老的病躯，不辞劳苦地当起了“愚公”，负责开垦惠远城东边的阿齐乌苏荒地。这是一项极为艰巨繁重的工程，要将不毛之地变成可耕种的良田，必须开挖渠道、引水灌溉。林则徐是个经验丰富的水利专家，他在勘察中发现，当地并不缺水，伊犁河以及它的几条支流的水量都很大，但以前开挖的引水灌溉渠道规模较小，丰富的水资源被白白浪费掉了。要解决开荒屯田的用水，必须将原有的喀什河引水渠道拓宽加深，并开挖新渠引入阿齐乌苏。但开渠引进喀什河水的工程浩大，林则徐认领了其中一段最艰难的工程。清廷没有经费投入，林则徐就与当地官员士绅共同捐资。他运用自己在内地长期治河的经验，于 1844 年（清道光二十四年）5 月开凿引水道，钉桩抛石，历时 4 个月，用工 10 余万人次，至当年 9 月，渠工告成。喀什河水引至阿齐乌苏，自龙口至渠尾“无不盈科递进，水到渠成”，共可灌溉田地 10 余万亩。直到今天，这条宽广的渠道依然碧波粼粼，滋润着西部土地，当地民众称之为“林公渠”。

左宗棠：将军菜更纾愁眼

从甘肃到新疆边境1000多公里的路上，不时就能看见树龄达到140年以上的“左公柳”；在哈密，他督造的水利工程被称作“左公渠”；他“抬棺西征”的故事在哈密形成了一个知名的景点；一路西行，他击溃阿古柏军、收复伊犁的事迹一点一滴地注入他的荣耀。

从甘肃西部直到新疆西陲塔城，在绵延1000多公里的丝绸之路上，有一道独特的景观——左公柳。直至今日，千余棵粗大的左公柳还生存在他抬棺西征的路上。还好有这些柳，不然百年前的那段历史，便只是故纸堆上的文字了。

140多年前，左宗棠率兵西征，收复新疆并进而开发和经营西北。其中发动军士沿途植树就是一件功在当时、利及后世的善举。左宗棠在一封书札中曾谈到，“兰州东路所种之树，密如木城，行列整齐。栽活之树，皆在山坡高阜，须浇过三伏，乃免枯槁，又不能杂用苦水，用水更勤”。尽管如此，左军仍然克服了重重困难，边进军，边植树，并取得巨大成功。这些郁郁葱葱的杨柳被人亲切地称誉为“左公柳”。当时还有人写下了关于“左公柳”的七言绝句，因脍炙人口，被人们广为传诵。

溶雪的沃野

左公柳

有意思的是，左宗棠在哈密兴修的水利工程被冠以“左公渠”的名字，这些渠与左公柳一样有着140余年的历史，但这些水利工程却没有让那些粗壮的、曾经苟延残喘着的左公柳享受到余荫。这些左公柳，仍然不得不靠现代的水利工程来挽救。好在，这些树，仍然可以延续它们的生命，它们仍然能以“左公”的名义活着。

1874年5月，左宗棠以64岁的高龄被任命为钦差大臣，督办新疆军务。次年4月，左宗棠坐镇甘肃酒泉，收复新疆战役打响。这场战争没有退路。白雪皑皑的祁连山下，猎猎长风卷起了大纛。这不是一般意义的决胜负，这是一场维护民族尊严的战争。征战的将士情绪高昂，出奇制胜。这是为祖国的统一和完整而战，于是冷血变得沸腾，怯懦者变成了红眼的怒狮。左宗棠引以为自豪的湖湘子弟在血雨腥风中冲锋陷阵，在追求和捍卫国家尊严，实际上也是在重塑自己的民族精神。一年后，新疆全境收复。这是晚清历史最扬眉吐气的一件大事，是晚清夕照图中最光彩的一笔。

巍巍祁连，皑皑天山，你承载了无数文人的报国梦想！亭亭的明月，亘古不变地照耀着天山南北那片好地方！

下编

一梦不觉到关东

潮起潮落浪滔天

秦皇岛

【图说】

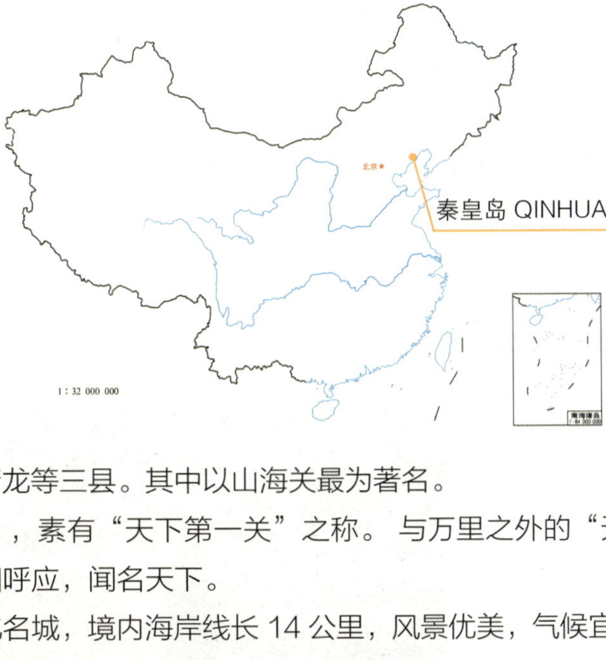

秦皇岛，位于中国河北省东北部。因公元前 215 年中国的第一个皇帝秦始皇东巡至此，并派人入海求仙而得名，是中国唯一一个因皇帝尊号而得名的城市。现为河北省省辖市，中国北方著名港口城市。下辖海港、山海关、北戴河、抚宁四区和昌黎、卢龙、青龙等三县。其中以山海关最为著名。

山海关，又称“榆关”，素有“天下第一关”之称。与万里之外的“天下第一雄关”——嘉峪关遥相呼应，闻名天下。

山海关是一座历史文化名城，境内海岸线长 14 公里，风景优美，气候宜人。境内名胜古迹荟萃，人文景观与自然景观交相辉映。角山长城，烽台险峻；孟姜女庙演绎着中国四大民间传说之一“孟姜女寻夫”的动人故事；在奇峰美石的长寿山中，有中国北方最大的花岗岩洞——悬阳洞……

【走读】

潮起潮落秦皇岛

◎ 心迹双清

这个以绮丽风光和历史文化积淀而闻名的胜地，早在上初中时就因那首毛泽东的《浪淘沙·北戴河》而深深地镌刻于我心中。今天终于能亲眼目睹“大雨落幽燕，白浪滔天”的胜景了。我的心犹如潮涨潮落的大海，难以平静。

魅力北戴河

一脉青山，山光积翠；一汪碧水，水色含青。这就是中国著名的海滨风景区——北戴河。她俨然是人间的一处伊甸园。

据说，北戴河这处避暑宝地早在两千多年前的汉代就有舟楫聚泊。汉武帝刘彻曾到这里观海，筑有望海台一座。东汉建安十二年曹操北征乌桓途中，留下了脍炙人口的诗篇：“东临碣石，以观沧海……秋风萧瑟，洪波涌起。

北戴河

观海听涛

日月之行，若出其中。星汉灿烂，若出其里。”明代海运积储，人烟稠密，越加兴旺热闹了。真正作为消夏避暑的胜地，是清光绪二十四年（1898 年）由清政府正式颁布的。一百多年来，北戴河以一种蓝天碧海、沙软潮平、绿树红楼、诗情画意的魅力，深深吸引着达官贵人、中外游客到这里来观光避暑。

今天我和几个朋友一踏上北戴河的土地，就立刻领略到了她那姿态万千、风貌各异的美景。北戴河的海岸线东起鹰角岩，西至戴河口，长达十公里。戴河如练，沿山脚蜿蜒入海。通往海边的主干道是一路上坡，道路两旁是郁郁葱葱的树木。山上奇岩怪洞密布，各种风格的亭台别墅掩映其中，如诗如画。南面则是悠缓漫长的海岸线，质细坡缓，海水泛波荡漾，盐度适中。我们来到岸边，望着无边无际的大海，湛蓝的天空下，水和天连在一起，柔柔的阳光洒满水面，偶尔有水鸟缓缓地从身边飞过。海风吹来，听到的是阵阵有节奏的“哗哗”声，看到的是层层洁白的浪花，闻到的是咸咸的、涩涩的腥味。这不同寻常的气息，让我觉得眼前的一切是那么亲切自然。

近代文人康有为游北戴河时曾赋诗：“万里波涛拍岸边，五云楼阁峙山巅。天开图画成乐土，人居蓬莱似列仙。暮卷涛声坐海浴，朝飞霞翠挹山妍。东山月出西山雨，仕女嬉游化乐天。”此诗把北戴河的山山水水写尽写绝。同时也把这里的云烟、雪浪、楼阁、日出日落、潮涨潮退、风雨阴晴的自然景观描绘得出神入化，给人一种妙不可言、令人陶醉之美感。这就是北戴河的魅力所在吧。

情系老龙头

巍巍雄浑的万里长城，从甘肃嘉峪关开始，像一条舞动着的巨龙，跨越崇山峻岭、河川沙漠，绵延万里自西向东奔腾呼啸而来。也许是这条巨龙所承载的历史负荷太重了，龙头到了渤海边，便一头扎进海里，再也没有抬起来过，所以人们才形象地把这里称作“老龙头”。

老龙头

老龙头位于山海关城南5公里的临海高地上，自身形成半岛伸入渤海之中，既是长城的入海处，又是长城的尾点。明万历年间，民族英雄戚继光在这里修筑了高3丈的入海石城。虽经过多年战乱，石城坍塌，但人们仍可以看到浸泡在海水里的巨大花岗岩基石。这座岬角高地，海拔25米，依山襟海，长城耸峙海岸。优越的地理位置，加上精心建造的军事防御工程，构成了老龙头这座名副其实的海陆军事要塞。

午后，我们一行人，登上老龙头，面对波涛汹涌、云水苍茫的大海，饱览着这独有的海上长城的雄姿。纵目澄海楼，可以尽览“长城万里跨龙头，纵目凭高更上楼。……大风吹日云奔合，巨浪排空雪怒浮”的壮丽景象。

走下澄海楼，顺阶梯而下，游览入海石城。全城巍然屹立于海水之中，是古之海防前哨。入海石城北接靖虏台，万里长城自角山蜿蜒而来至靖虏台而雄踞海上，形成了一道拒敌寇于关外的屏障。此地负山控海，易守难攻，与澄海楼、南海关口、宁海城共同组成了一套严密的海上防御体系，称得上是老龙头海防要塞的桥头堡。

站在入海石城的最前端，眺望无边无际的大海，心中感慨万千，老龙头曾经有过明代抗击外寇的辉煌，也曾经有过清王朝时期被付之一炬的屈辱。今天，我们作为中华民族的儿女，站在古老长城的龙头上，倍感心胸开阔，倍增民族豪情。前思古人，后有来者，念天地之远大，独欣然而发的个人情结油然而生。激动之余，便有了下面这首拙劣小诗：“横亘海天空，澄楼气势宏。孟德遗墨迹，嬴政拜仙踪。巨蟒吞沧海，蛟龙锁角弓。汪洋云水景，悦耳浪涛声。”也许它能将我心中的感受与激动抒发出万分之一吧！

感悟山海关

“昨夜烽烟侵汉月，今朝丽日照宇寰。依山抱海天独厚，万里长城第一关。”这是我游览山海关后有感而发的一首小诗。它既是我对山海关的扼要描

绘，也是我对山海关的感悟。

在碧波万里的渤海之滨，绵延起伏的燕山山麓，有一座雄伟的城楼。依山临海，景色十分壮丽，这就是历史名关，万里长城东部的重要关隘，被誉为“天下第一关”的山海关。

雄伟的“万里长城第一关”就屹立在角山与大海之间，在这里形成了山、海、关浑然一体的布局。如虎踞龙盘，控制着海陆咽喉。古称“长城之枕护燕蓟，为京师屏翰，拥雄关为辽左咽喉”，故素有“两京锁钥无双地，万里长城第一关”之说。

山海关的建筑，颇巨匠心，是罕见的举世奇作。整个布局为四方形，周围约 4.3 公里，城高 14 米，厚 7 米。关城与长城交接处城墙顶宽 15 米多，可“十人同行，五马并骑”。城四面均有关门，“东曰镇东，西曰迎恩，南曰望洋，北曰威远”。城建有水门 3 个，居东南、西南、西北三隅，以泄城中积水。城外四周设有护城河，平时泄水，战时防敌。城的四门上各筑有箭楼，如今，南、西、北箭楼均已坍毁，仅东门箭楼（即天下第一关城楼）留存下来，像在与今人倾诉着山海关 600 多年来的沧桑历史。

山海关

我们是在一个夏阳斜照的下午游览天下第一关城楼的。沿着那斜长的石阶移步而上时，总感觉脚步是那样沉重。是啊，长城太古老了，山海关也没有年轻的迹象了。登上城楼，我少了往日的言语，于无言之中用心去体悟这眼前的一切。朝角山方向望去，雄伟的万里长城从自己的脚下向燕山深处蜿蜒而去，像一条捆扎着中华民族非凡历史巨著的古朴丝带。北望关外，满目绿色看不到尽头，南眺渤海，烟波浩渺一望无垠。山海关那沧桑的一页随着时间的流逝早已翻过，而如今是多娇的江山，如画的景色。人说“不到长城非好汉”，而长城上这座古老而雄浑的第一关城楼，更使多少英雄豪杰为之折腰。今天来这里追踪历史，是为了明天不会忘却。至此，心底里涌起的又是一股浓浓的爱国之情。

游览建议路线

北戴河　山海关　秦行宫遗址　宝峰禅寺

秦皇岛名胜分布示意图

悬阳洞　孟姜女庙

毛泽东像

浪淘沙·北戴河

毛泽东

大雨落幽燕，白浪滔天，秦皇岛外打鱼船。
一片汪洋都不见，知向谁边？
往事越千年，魏武挥鞭，东临碣石有遗篇。
萧瑟秋风今又是，换了人间。

曹操像

观沧海

【三国】曹　操

东临碣石，以观沧海。
水何澹澹，山岛竦峙。
树木丛生，百草丰茂。
秋风萧瑟，洪波涌起。
日月之行，若出其中；
星汉灿烂，若出其里。
幸甚至哉，歌以咏志。
（初中生必背古诗词）

孟姜女庙里的叠字联

海水朝朝朝朝朝朝朝落
浮云长长长长长长长消

【名篇】

雄关赋

◎峻　青

哦，好一座威武的雄关！——山海关，这号称“天下第一关”的山海关！

山海关这铮铮响的名字，我是在刚记事的童年，从我的一位四爷爷那里听到的，从此，在心里刻下了这座雄关的影子。

我的四爷爷，是一个关东客。还在他才十几岁的时候，就像我故乡的许许多多为贫困所迫无路可走的农民一样，孑然一身，肩上背着一张当作行李的狗皮，下关东谋生去了。待到重返故里，已经是七十多岁的老人。和他几十年前离乡时一样，依然是孑然一身，两手空空。他带回来的唯一财物，就是那漂泊异乡浪迹天涯的悲惨往事和种种见闻。

这当中，就有着山海关。

雄伟的山海关

至今我还清晰地记得：冬景天，我们爷儿俩偎坐在草垛根下，晒着暖烘烘的三九阳光，他对我讲述山海关的一些传说、故事的情景——那雄伟的城楼，那险要的形势，那悲壮的历史，屈辱的陈迹，那塞上的风雪，那关外的离愁……

山海之间

善感的心灵，也曾为背井离乡、远适异地的行人在跨过关门时四顾苍茫的悲凄情景而落下过伤感的眼泪，也曾为孟姜女的忠贞和不幸而郁郁寡欢；然而更多的却是为那雄关的雄伟气势和它那抵御外侮捍卫疆土的英雄历史所感动，所鼓舞。幼稚的心灵中，每每萌发起一种庄严肃穆、慷慨激昂的情怀。

也曾做过一些童年的梦：梦中，常常是身着戎装，飞越那绵延万里的重重关山，或是手执金戈高高地站立在雄伟高大的城门之上……

啊，梦虽荒唐，然而那仰慕雄关，热爱国土的心却是真挚的，深沉的。

遗憾的是，这离京都颇近的雄关，我没有到过。它留给我的依然还是童年时代从四爷那里得来的模糊影子。

机会不是没有。有一次，大概是 1956 年的春天吧，我出访东欧，乘的是横越东北大地和西伯利亚荒原的国际列车。列车从北京开出后，就从列车播音员的广播中，听到了沿途将要经过的一些城市，当中，就有山海关。当时的心情是十分兴奋的。列车过了秦皇岛以后，我就渴望尽快看到山海关。列车驶近山海关车站的时候，我才发现：原来这车站和铁路线离山海关还有相当远的一段距离。我从车窗里探出头去，向北张望，心想能远远地眺望一下那雄关的影子也好。可是非常遗憾，时已黄昏，苍茫的暮色，笼罩着大地，任是瞪大了眼睛，竭力张望，也望不见山海关，只能隐隐约约地望见一抹如烟似雾的淡影，和从田野里升腾起来的炊烟暮霭融合在一起，像三春烟雨中的景色似的，迷离难辨。我失望地转回头去，脑幕上留下的依然是童年时代从四爷那里得来的模糊的影子。

现在，我终于亲眼看到这思慕已久的雄关了。

山海关长城远眺

啊，好一座威武的雄关！果然名不虚传：天下第一关！

那气势的雄伟，那地形的险要，在我所看到的重关要塞中，是没有能与它相比的了。

先说那城楼吧。它是那么雄伟，那么坚固，高高的箭楼，巍然耸立于蓝天白云之间，那“天下第一关”的巨大匾额，高悬于箭楼之上，特别引人瞩目，从老远的地方，就看得清清楚楚。这五个大字，笔力雄厚苍劲，与那高耸云天、气势磅礴的雄关，浑然一体，煞是壮观。但是，最壮观的还是它形势的险要。不信，你顺着那城门左侧的台阶往上走吧，你走到城墙之上，箭楼底下，手扶着雉墙的垛口，昂首远眺，你会情不自禁发出一声又惊又喜的赞叹：“嗬，好雄伟的关塞，好险要的去处！”

你往北看吧，北面，是重重叠叠的燕山山脉，万里长城，像一条活蹦乱跳的长龙，顺着那连绵起伏的山势，由西北面蜿蜒南来，向着南面伸展开去。南面，则是苍茫无垠的渤海，这万里长城，从燕山支脉的角山上直冲下来，一头扎进了渤海岸边，这个所在，就是那有名的老龙头，也就是那万里长城的尖端。这山海关，就耸立在万里长城的脖颈之上，高峰沧海的山水之间，进出锦西走廊的咽喉之地，其形势的险要，正如古人所说：“两京锁钥无双地，万里长城第一关。”

站在这雄关之上，人的精神，顿时感到异常振奋，心胸也倍加开阔。真想顺着那连绵不断的山势，大踏步地向西北走去，一路上，去登临那一座座屏藩要塞，烽台烟墩，从山海关、喜峰口、古北口、居庸关、雁门关，一直走到那长城的尽处嘉峪关。也想返回身来，纵缰驰马，奔腾于广袤无垠的塞外草原之上，逶迤翻腾的幽燕群山之间，然后随着那蜿蜒南去的老龙头，纵身跳进那碧波万顷的渤海老洋里，去一洗那炎夏溽暑的汗水，关山万里的风尘……

甚至更想身披盔甲，手执金戈，站立在这威武的雄关之上，做一名捍卫疆土的武士。

哦，童年的梦，又从长久尘封的记忆中复活了。复活在这“天下第一关”

的城楼之上，山海之间。复活在这二十世纪的八十年代。复活在这十年内乱后的一个励精图治的夏天。

这，能说是荒唐的吗？

不，你瞧，那是什么？

长城城头

正当我凭栏四眺遐思迩想的时候，猛听得一阵喧哗，回头一看，啊，一身披盔甲手执青龙大刀的武士，从那古老而高大的箭楼大门里走了出来。我不禁吃了一惊，心里好生诧异。上前仔细一看，却原来是一个来游览的小伙子，故意穿这一身戎装拍照留念的。这戎装，是从箭楼大门里的一家照相馆租来的。这家照相馆在这儿陈列了一些盔甲和兵器，专门租给游人拍照留念。

这件新鲜事儿，使我非常高兴。开始时我想到的是这家照相馆真是“生财有道”，会想点子赚钱；可是转念又一想：这不单纯是个赚钱营利的问题，而更重要的是他们体会到那些从祖国的四面八方汇集到这儿来的游人们，在登临这古老而著名的雄关时的心情。我由此也就懂得了：这身着戎装拍照留念的小伙子，也绝不只是为了好玩和逗趣，这当中蕴藏着一种可贵的感情。

瞧，这小伙子手执大刀昂首挺胸的威武严肃的神情，不就是很好的证明吗？

看着这，有谁会感到滑稽可笑呢？

不，相反地，人们会情不自禁地从心里涌起一种肃穆庄严的感觉，怀古爱国的激情。

也许是受到这种情绪的感染，与我一起来的一位青年女作家，也效仿那个小伙子，花了五角钱租了一套盔甲、兵器披挂起来。当她披挂停当从箭楼里走出来时，我简直不认得她了。那个一身天蓝西装衫裙的时髦姑娘，一刹那间变成了一位威风凛凛的古代武士。她头戴朱缨金盔，身穿粉底银甲战袍，手抚绿色鲨鱼鞘青锋宝剑，昂首挺胸地站在城楼之上，俨然是一位身扼重关力敌千军的守关武士，叱咤风云的巾帼英雄。

这位女作家，过去当过演员，拍过一部电影。在那部电影里，她演的是一个从穷山沟里出来的农村姑娘，当上了飞行员，驾驶着银鹰，翱翔在蓝色的天空，保卫着祖国的神圣疆土。现在，她又身披戎装，手执金戈，在扼守这重关要塞了。八月的骄阳，映照着金盔银甲，闪烁出耀眼的光芒 。她高高

老龙头落日

地站在那里，两眼凝视着远方，脸上的神情，是那样庄严，真不啻花木兰再世，穆桂英重生。

看着这，一刹那间，我竟然仿佛置身于中世纪的古战场上。一股慷慨悲歌的火辣辣的情感，涌遍了我的全身。

啊！雄关！这固若金汤的雄关！

这“一夫当关，万夫莫开”的雄关！

在我们古老的中华民族的伟大历史上，在那些干戈扰攘征战频仍的岁月里，这雄关，巍然屹立于华夏的大地之上，山海之间，咽喉要地，一次又一次地抵御着异族的入侵，捍卫着神圣的祖国疆土。这高耸云天的坚固的城墙上的一块块砖石，哪一处没洒上我们英雄祖先的殷红热血？这雄关外面的乱石纵横野草丛生的一片片土地，哪一处没埋葬过入侵者的累累白骨！

啊，雄关，它就是我们伟大民族的英雄历史的见证人，它本身就是一个热血沸腾顶天立地的英雄好汉！

如今，这雄关虽已成为历史陈迹，但是它却以它那雄伟庄严的风貌，可歌可泣的历史，鼓舞着人们的坚强意志，激励着人们的爱国情感。

我相信：假若一旦我们的神圣的国土再一次遭受到异族入侵的话，那位手执大刀的青年小伙子，还有我们的现代花木兰，以及所有登临这雄关的公民，全都会毫不犹豫地拿起武器，奔赴杀敌卫国的战场！

由此，我又悟出了一个道理：雄关，这早已变成了历史陈迹的雄关，虽然已失去了它往日的军事作用，但是这雄关的伟大体魄，忠贞的灵魂，却永远刻在人们的心中。哦，更确切一点说，这雄关，不在地壳之上，山海之间，而是在人们的心中。

是的，在人们的心中，这才是真正的雄关，比什么金城汤池还坚固的雄关！

不是吗？山海关纵然是坚固险要，可也有被攻破的记载，而吴三桂的开门揖盗引清入关，更是不攻自破，多尔衮的铁骑，不就是从这洞开的大门下面蜂拥而来席卷中原的吗？

“恸哭六军俱缟素，冲冠一怒为红颜。”吴梅村的《圆圆曲》，道出了当时爱国人士对吴三桂的愤慨和痛恨。尽管历史学家对吴三桂降清的动机是否是

为了“红颜”这一说法还有争议，但雄关被出卖而不攻自破却是事实，也是教训。

海滨小景

这遭到玷污的雄关，至今还蒙受着耻辱的灰尘，并在无声地向人们诉说着这一段痛苦的历史，也仿佛在向着人们告诫：谁道雄关似铁？任是这似铁的雄关，也有被攻破的时候。说什么“一夫当关，万夫莫开”？在我们那辽阔的疆土之上的许许多多重关要塞，从来就没有哪一座关塞真正起到过这样的作用。它们或者被强敌攻陷，或者为内奸出卖。而尤其是后者，堡垒最易从内部攻破，历史上是不乏这种沉痛记载的。吴三桂的丑剧，只不过是其中的一件而已。

由此看来，古往今来的大量史实证明：那所谓的“固若金汤”的雄关，是从来就不存在的，真正坚固的雄关，只存在于人们的心中。

——这，就是信念。

对社会主义，对革命事业，对我们伟大的祖国的坚贞不渝的信念，就是最坚固最强大的雄关，是任凭什么现代化的武器都不能攻破的雄关。千百万吨级的热核武器攻不破它，重型轰炸机和远距离洲际导弹攻不破它。它，永远巍然屹立于我们伟大辽阔的国土之上，屹立在亿万英雄儿女的丹心之中。

这才是真正的雄关！“固若金汤”的雄关！

啊，雄关！无比坚固的雄关！

峻青（1922-1991）

中国当代著名作家，原名孙俊卿，山东省海阳县西楼子村人。抗日战争爆发后，在地方抗日民主政府从事教育和群众工作。1944年后任胶东区党委机关报《大众报》记者，新华社前线分社随军记者，敌后武工队小队长。新中国成立后长期在上海工作，曾任作协上海分会代理党组书记、书记处书记等。1960年被选为中国作家协会理事。其主要作品有短篇集《黎明的河边》《海燕》《最后的报告》《胶东纪事》《怒涛》；长篇小说《海啸》；散文集《秋色赋》《欧行书简》。

【今作】

天下雄关谁第一

◎ 纳木错

山海关，对我来说，既熟悉又陌生。父亲的中学时代是在山海关度过的，据父亲说，当年学校的围墙就是山海关的城墙，那里留下了父亲年少时的许多美好回忆。而我对于山海关的印象则完全出自父亲的叙述加上自己天马行空的想象。

想象过无数次山海关城楼的伟岸，但当真正置身于城楼之下，仰望那“天下第一关”的匾额时，还是被山海关的恢宏气势所震慑！雄关巍峨，气势磅礴！

此楼为东门镇远楼，是山海关的标志性建筑。厚重的城墙上箭楼高耸，而楼顶的四角飞

雪后的山海关

海边渔舟

檐装饰着形态各异的脊兽，造型美观，栩栩如生。从南北东三个方向看，排列有序的红板箭窗共有 68 个，供对外射箭之用，士兵们居高临下形成扇形的攻击面，可以想象万箭齐发时排山倒海的气势。

登楼观景，看城墙内外的民居房舍有很多都保留了老四合院的样式，使古城充满了古朴的韵味。而远处，角山长城蜿蜒连绵，透着苍劲的力量。南边的老龙头似朦胧可见。老龙头是万里长城东部的起点，石块砌垒的墙体沿海岸线延伸直抵大海，高峻的城关如龙首戏水，雄踞海上。

而山海关城楼最具神韵的还是正门上高悬着的“天下第一关”巨匾，笔法苍劲有力，与城楼的风格浑然一体。悬挂在城楼之上的为仿制品，而真正的原匾则挂在箭楼之内加以保护，此匾未留题写者的书款，关于此匾的来历便有着许多不同版本的传说。而流传最广的一种说法是：“天下第一关”巨匾为明成化年间进士、山海关人萧显所书。还传说萧显写完此匾，挂到城楼上，人们发现“下”字少了一点，萧显于是团起一块麻布，饱蘸浓墨，奋力一抛，恰好打到点儿上，这一绝招，使“天下第一关”匾额更加声名远播。

从西向东，绵延万里的长城古迹中，被称为“天下第一关”的雄关隘口不止山海关一个。其实谁为“第一”不重要，绵延万里的也不仅是建筑本身的奇迹，更是千年的文化积淀，让人无不感受到历史的厚重。

秦皇岛之行

◎ 大榕树

坐在去秦皇岛的列车上，沿途是绿油油的庄稼，此起彼伏的丘陵伸向远方，我的眼睛不时透过车窗，向外张望，刚从津门出发时的疲劳消失了。这是我第一次去秦皇岛，本没有计划去的，可是昨天，我们大学时的宿舍老大从张家口来津，约我一同去秦皇岛，于是我在犹豫中，踏上了去秦皇岛的列车。

进入北戴河之后，满眼的绿色，楼房从远处看都淹没在绿色之中，白的是楼房，绿的是树木和灌木，参差不齐。空气是那样清新，天空蔚蓝，白云飘飘，一尘不染。绿色一直延续到秦皇岛站。下了火车，我们大学时的同宿舍的老六正在站台上接着我们，没有太多的寒暄。秦皇岛是洁净的，城市不大，街道的两旁店铺林立，井井有条。在这里我们感受到了海滨城

海边小景

市空气的凉爽和新鲜。由于老六住在北戴河区，晚上，我们带着一身的疲惫来到了他家。

美丽的海滨

我们计划第二天去山海关，看看“天下第一关”和“老龙头”。可是天公不作美，昨天还是晴朗的天气，今天早晨就淅淅沥沥地下起了小雨，所以计划只好泡汤了。上午，家里就剩下了我们几个人，百无聊赖，打开电视，正上演“金鹰奖”和“飞天奖”的颁奖晚会，没有心情，很是乏味。

在这片土地上，我不由得想起了当年镇守山海关的袁崇焕，排兵布阵，抵抗清军的入关。可是，腐朽的明王朝已是奄奄一息。当时的皇帝是明朝最后的皇帝崇祯，他是一个勤政的皇帝，在位十七年，一直勤政理事，节俭自律，在明王朝的皇帝中应当算是比较突出，言行一致的了，十七岁除魏忠贤及其党羽，比康熙除鳌拜又有何逊色呢？他的勤勉在中国几千年的皇帝历史上是少有的，可他当皇帝也是生不逢时。他的前几任皇帝中，神宗贪得厉害，一个皇帝富有四海，可是他偏偏爱财如命。万历初年，张居正当国时全年的岁收是四百万两白银左右，皇宫的费用是一百二十万两，几乎占岁入的三分之一。张居正死后，神宗单在万历二十七年的五天之内就搜刮矿税商税两百万两。随后，神宗不理朝政，但只要是和矿税有关的，只要呈报，立即批准。这位皇帝在位的四十八年，也是明王朝溃烂的开始。后来的熹宗，他最大的特点就是喜爱木匠活，并且真是好手艺，皇宫中亭台楼阁的设计有的就出于他手，据说他送给太监的楼阁模型惟妙惟肖，非常精致。与其说是万尊之体，倒不如说是一个能工巧匠，可偏偏生于帝王之家。他最大的“贡献”就是重用了魏忠贤来治理国家，可是哪一个王朝有了魏忠贤这样的“贤臣”，不是亡国的下场啊！比起宋朝徽宗喜好书法，南唐后主李煜的“春花秋月何时了，往事知多少”，又有什么差别呢！哪一个不是亡国之君啊！崇祯即位时，明王朝已经是千疮百孔，摇摇欲坠。就是这样一个勤政的皇帝却错误地杀了袁崇焕。袁崇焕既忠且能，最后落得凌迟下场，对于明王朝的整个军队士气打击非常沉重。从那之后，明军中甚至有整支部队向清军投降的现象。

皇帝不是只靠勤勉就能当好的。崇祯面对严峻局势，一而再、再而三地

向天下发“罪己诏”，反省错误，招纳贤才，哀叹“朕非亡国之君，臣皆亡国之臣”。自杀殉国时的遗书写道：“朕自登极十七年，逆贼直逼京师。虽朕薄德匪躬，上干天咎，然皆诸臣之误朕也。朕死，无面目见祖宗于地下，去朕冠冕，以发覆面，任贼分裂朕尸，勿伤百姓一人。”

试想当年，这里作为战略要地，一定遍布军营，星罗营盘，有多少次血流成河的战役在这里展开。山海关，巍峨的山海关，“冲冠一怒为红颜”的吴三桂，引了清兵入关，明王朝覆灭了，清王朝建立了，又一个朝代到来了。

中午，雨小了，天还是阴沉沉的，我们很是遗憾没有去成山海关，只能在北戴河附近游玩了。虽然下着雨，耐不住寂寞和惊奇的我们还是走出了家门，来到了大海边。海浪滔滔，冲刷着海边的礁石，好多渔民在海边拾着贝壳，好奇的我们也走向了海边，踏着黄色的沙滩，加入了他们的行列。海滩很是洁净，本想在这里登船进海一游，无奈风浪太大，于是我们游玩了一会，上了岸，沿着两旁都是树木的海边公路慢慢行走。幽静的小路，黄色的沙滩，绿色的长廊，宁静致远。可能是暑期刚过，十一黄金周还没有来到的原因吧，此时正是旅游的淡季，游人很少。听我的同学说，在旅游旺季，人很多，熙熙攘攘。公路的两边有好多疗养院和老干部休养所，据说每年暑期北戴河都戒备森严，中央领导干部来这里办公、疗养。于是，我不禁想到，新中国成立后，有多少次的北戴河会议，传达着关系国计民生的大事啊!

我们慢慢地在公路上行走，观看路旁的风景。这时，雨停了，风小了，我们的兴趣又浓了，虽然不能去海里遨游，可总想到海上游览一番，方不枉此行。于是又来到了海边。这时还有人在海里游泳，远处有一艘载游人的船驶向这里，于是，船一靠岸，我们就过去询问船老大是否还开船，在船老大的点头下我们上了船。船慢慢地在海里行驶。岸离我们渐渐地远了，青山变得模糊了，真的是海天一色。我们在海里行驶，只有微风做伴，海水为伍，微风下的波浪卷起朵朵的浪花。这时的海很静，只有海浪伴着马达声。余兴犹未尽，船渐渐地靠岸了，岸上的景色变得清晰了，海还是蓝蓝的……

夜幕降临了，满街的灯光照亮了安静的海边小城。离开海边，走在海边的集市上，各种贝壳的装饰品，千姿百态，形态各异。饭店忙碌了，各种海鲜应有尽有。北戴河的晚上热闹了……

虽然这次没有在秦皇岛玩得尽兴，没有去到仰慕已久的山海关，但是，也感受到了另外一种乐趣。于是便安慰自己：什么事情能尽善尽美呢?

清晨的北戴河是宁静美丽的，去秦皇岛车站的海滨大道是宽阔的。这时，太阳升起来了，照亮了蔚蓝色的海，我想我有机会还会来的……

佳气轮囷葱郁地

沈阳

【图说】

沈阳是辽宁省省会，东北地区最大的中心城市。

沈阳以平原为主，山地、丘陵集中在东南部，辽河、浑河、秀水河等途经境内。因地处古沈水（今浑河）之北而得名，是闻名遐迩的历史文化名城。沈阳地区孕育了辽河流域的早期文化，是中华民族的发祥地之一。据对新乐遗址考证，早在 7200 多年前的新石器时代就有人类在此繁衍生息。从公元前 300 年左右设立侯城算起，沈阳的建城史已 2300 余年。沈阳素有“一朝发祥地，两代帝王都”之称。1625 年，清太祖努尔哈赤建立的后金迁都于此，更名盛京。1636 年，皇太极在此改国号为“清”，建立清朝。1644 年，清军入关定都北京后，以盛京为陪都。清初皇宫所在地——沈阳故宫，是中国现今仅存最完整的两座皇宫建筑群之一。除此以外还有北陵公园（昭陵）、东陵（福陵）（世界遗产文物保护单位）、无垢净光舍利塔、周恩来少年读书旧址、张氏帅府、辽滨塔等古迹与名胜。

【走读】

沈阳风情

◎漂　流

“燕山雪花大如席，片片吹落轩辕台。”“才见岭头云似盖，已惊岩下雪如尘；千峰笋石千株玉，万树松萝万朵银。”吟着诗人的绝句，带着对北国漫天飞雪、冰封雪域的憧憬，带着对狗拉雪橇在雪道上奔驰的向往，我于午夜十一时许来到了沈阳。

从气象报告那零下二十度的数字中，想象着北国的寒冷，故而带着众多御寒衣物，拎着大包小包来到了沈阳。走出机场，却无江南冬天彻骨之寒，除了暴露在外的脸和手外，衣服裹处并无寒意。在北方，只要外套穿得厚些，带上帽子手套就不会冻着。每到室内，均有暖气设备，如同阳春三月天气，必要脱去厚厚的外套，出出进进多了，只觉老是在脱衣，看来

雾凇

这衣服的拉链质量得过硬。可笑的是不但白带了那许多衣物，连身上穿的都得脱掉几件，白白增加了累赘。虽在北方只待了短短几天，但对北方的冷也算有些初步的认识。北方的冷在表，南方的冷在里，能深之入骨，难怪北方人也忍受不了南方那彻骨之寒。

沈阳是个文明的古都，有着悠久的历史，也有着现代都市的繁华与气派。沈阳地处东北平原，地域广阔，有着大东北的豪放。行驶在大道上，它给你的第一感觉便是那宽广的道路，任你驰骋。相比较那些车水如潮的大都市，交通堵塞在这里恐怕是难得一见。

沈阳是个多民族聚居的地方，融入了多民族的饮食特色。沈阳的饮食以肉类为主，猪肉、牛肉、羊肉、狗肉、鸡肉、鸭肉等，而且吃时将肉分得相当细，前腿肉、后腿肉、脊肉、上脑肉、肚脯肉、臀尖肉、肋肉等，味道各有不同。肉的吃法有烧、烤、焖、煸、串烧等，各有风味。在沈阳品尝了朝鲜族的烤肉，味道确实鲜美。沈阳的凉菜也风味独特、清凉可口、营养开胃。还有那牛肉饼、烧卖、馄饨、大麦茶等也很值得回味。

本想感受一下漫天飞雪的壮观，谁知老天却如此地吝啬，连一片雪花也未曾下。虽未能领略到鹅毛大雪，却也目睹了人工造雪，并尝试了滑雪的体验。在东北亚滑雪场，看着那些滑雪运动者在雪道上驰骋的矫捷身姿，羡慕不已。谁知穿上了厚重的雪鞋，踏上长长的滑板，已是举步艰难，一开步，便来了个四脚朝天，笑声四起。经过教练的指导，好不容易学会了滑行、刹车、速度控制等窍门，便想一试身手。壮着胆，颤巍巍从那高处滑下，正自感得意之时，又是一个屁股朝天。每遇前有他人，或坡度较大之处，心里就发毛，便会摔跟头，也不知摔了多少。付出了代价，总也有收获，滑姿已有进步。正自陶醉之时，时间已到，只得作罢，恋恋不舍卸下装备，感觉全身似散了架，多处皮肉已呈乌青状态。滑雪虽累，摔跤虽痛，痛快的体验回味无穷。

沈阳有着我国第二大宫殿建筑群，是清代入关前皇宫所在地，迁都北京后，这座皇宫被称作“陪都宫殿”“留都宫殿”，后来就称之为沈阳故宫。沈阳故宫始建于1625年，占地6.3万平方米，宫内建筑物保存完好，是我国仅存的两大宫殿建筑群之一，于2004年被批准为世界文化遗产。沈阳故宫的东路是很有特色的。大政殿居中，两旁分列十个亭子，称为十王亭。大政殿是一座八角重檐亭子建筑，正门有两根盘龙柱，以示庄严。大政殿是用来举行大典，如颁布诏书，宣布军队出征，迎接将士凯旋和皇帝即位等的地方。十王亭则是左右翼王和八旗旗主办事的地方。这种君臣合署办事于宫廷的现象，在历史上是少见的。从建筑上看，大政殿也是一个亭子，不过它的体量较大，

沈阳故宫

装饰比较华丽，因此，称为宫殿。大政殿和成八字形排开的十座亭子，其建筑格局乃脱胎于少数民族的帐殿。这十一座亭子，就是十一座帐篷的化身。帐篷是可以流动、迁移的，而亭子就固定起来了。这也显示了少数民族文化的一个发展。崇政殿是沈阳故宫最重要的建筑，在中路，是皇太极日常临朝的地方。崇政殿北有一凤凰楼，三层，是当时盛京城内最高的建筑物。沈阳故宫博物馆所陈列的多半是旧皇宫遗留下来的宫廷文物。如努尔哈赤用过的剑，皇太极用过的腰刀和鹿角椅等。沈阳故宫与北京故宫最大的区别在于，沈阳故宫突出了满族文化，有着鲜明的满族特色，受汉文化的影响较少。沈阳故宫虽无北京故宫的豪华与广阔，却有着它的古朴与纯真。

游罢皇宫，再看那皇家陵园，又是独树一格，仿自明朝皇陵而又具有满族陵寝的特点。沈阳昭陵位于古城北，因此也称“北陵”，是清代皇家陵寝和现代园林合一的游览胜地。昭陵始建于清崇德八年（1643 年），顺治八年（1651 年）基本建成，昭陵陵寝是清朝第二代开国君主太宗皇太极以及孝端文皇后博尔济吉特氏的陵墓，占地面积 16 万平方米，是清初“关外三陵”中规模最大、气势最宏伟的一座，是清初关外陵寝中最具代表性的一座帝陵，是我国现存最完整的古代帝王陵墓建筑之一。昭陵可分为三部分，前部在陵园缭墙外，神道两侧有华表、石狮、更衣亭等，而正中是牌楼。牌楼系青石建成，四柱三层，雕刻得玲珑剔透，精美无双，为罕见的艺术珍品。游罢牌楼，来至正红门，这是中部的开始。正红门为缭墙的正南门，层楼高耸，十分庄严，而其两翼所装饰的五色琉璃蟠龙壁，造型生动，更引人注目。正红门内的神道两旁，有华表、石兽和大望柱，它们两两相对，既整饬又肃穆。石兽中最值得欣赏的是“大白”和“小白”，这两匹石马形象逼真，栩栩如生，据说是以墓主生前最爱骑的两匹骏马为原型雕琢而成。欣赏罢石马，即至碑亭。碑亭与正红门相对，为颂扬墓主而建，里面所竖碑称“昭陵神功圣德碑”。后部，

沈阳故宫城楼

是方城、月牙城和宝城，这是陵寝的主体。宝城又称宝顶，其下即地宫，安置着墓主夫妇的棺椁和陪葬品。登上宝顶，向四下一望，绿树环合，景色清幽，宛若置身于城市山林中，一种恬适之感油然而生。宝城之后是人工堆起的陵山——“隆业山”。《盛京通志》称，其山有“包罗万象、跨驭八荒之势。辽水右回，浑河左绕，佳气轮回葱郁，诚万年之业非偶然也”。园内古松参天，那漫漫数里的古松群，松龄达三百多年，高大挺拔，参天蔽日。这些苍翠的陵松在金瓦红墙中构成昭陵又一壮丽景观，其中的“神树”“凤凰树”“夫妻树”“姐妹树”“龟树”等更是别具特色。它们充分显示出皇家陵园的雄伟壮丽和现代园林的清雅秀美。沈阳昭陵绝大多数建筑都是古迹，未经过重修，更加深了昭陵在人们心目中的魅力。尤其是在傍晚时分，陵园的那一份肃穆与幽静，让人对皇家的气势有更真切的体会。

沈阳，有着古老的文化与内涵，有着现代化的气息，有着大东北豪放的气势。千里雪飘，万里冰封，那一片北国风光无时无刻不吸引着你我。

游览建议路线

沈阳故宫 → 北陵 → 东陵 → 新乐遗址 → 南关天主教堂

沈阳名胜分布示意图

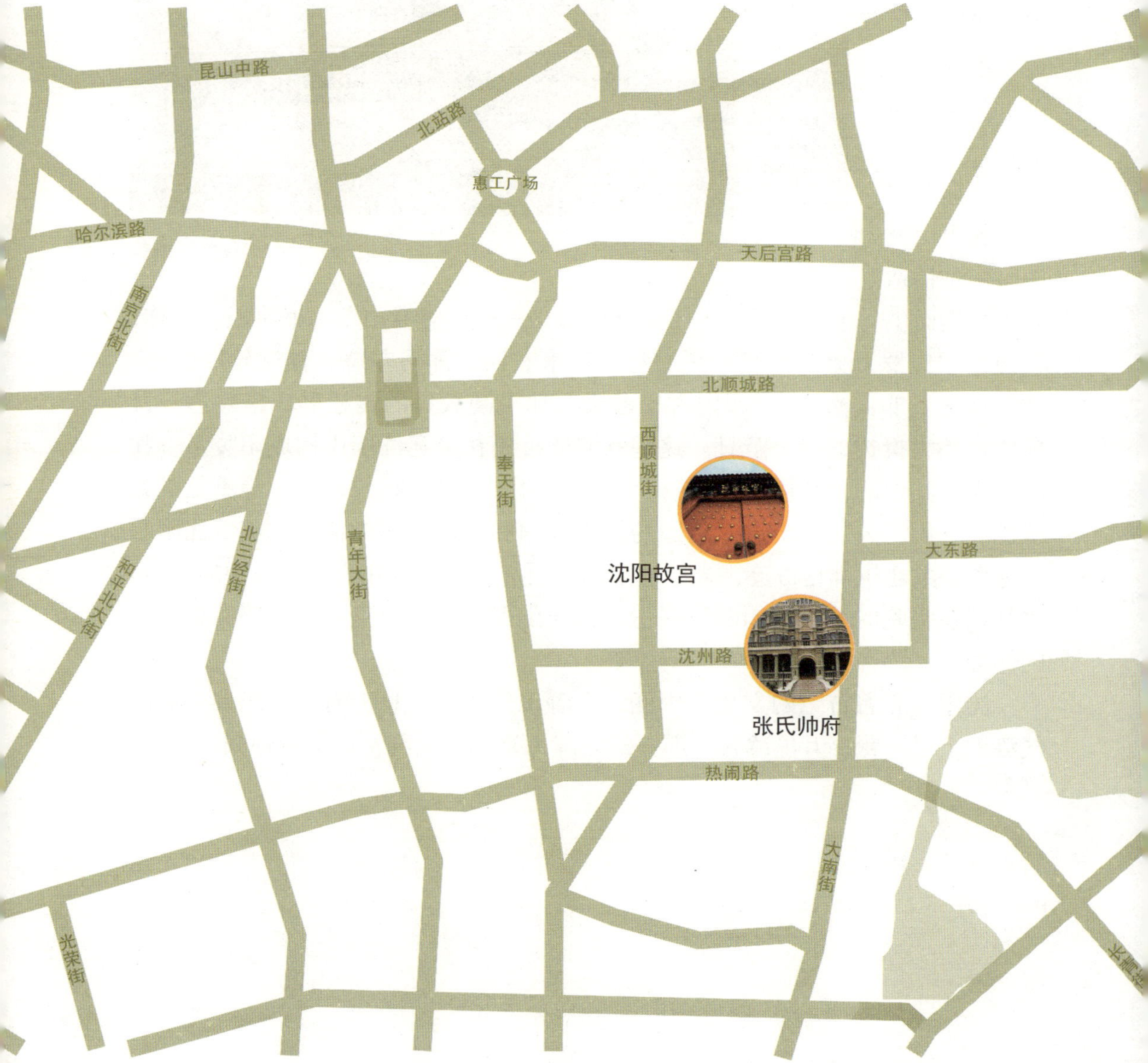

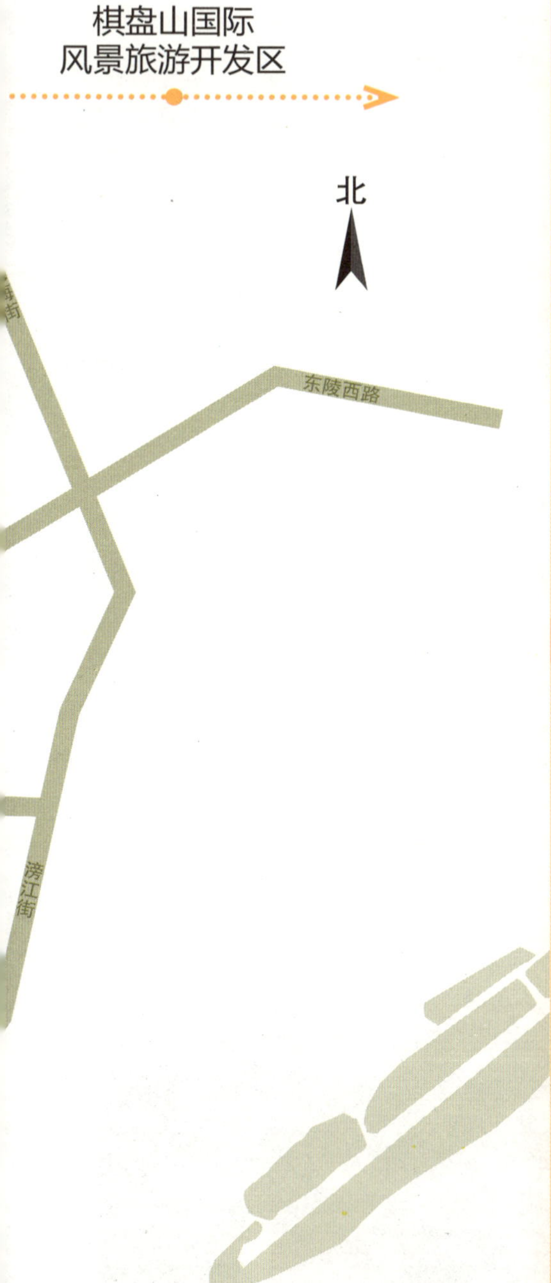

七律·沈阳故宫

佚 名

关外千里见故宫，
楼台暗转马嘶鸣。
白山黑水腾铁甲，
绿野红畴挽大弓。
虎象但经风雨壮，
豪杰总为利名庸。
由来万古龙兴地，
苔痕未生碧瓦空。

七律·张氏帅府

楚江闲鹤

冷院高墙锁瘦桐，
石狮无语望苍穹。
临楼却忆横天雨，
看剑尤怀斩虎风。
一夜潼关披白雪，
半生羑里默深衷。
今逢两岸重牵手，
欣唱蒹葭慰汉公。

【名篇】

清风乍起·沈阳故宫

◎佚　名

382年前（本文写于2007年，编者注）的农历三月初三，努尔哈赤率部众从辽阳迁都沈阳，留下了一片纪念碑式的雕栏玉砌，殿阁楼亭。从此，沈阳城从一个边陲小城发展为一代帝王都城。而中国大地，也酝酿着巨大的波澜。但至今留在沈阳故宫里的遗物，却能为那一段戎马干戈的历史，进行回闪性的述说和论评。

今天，就让我们走进清朝的勃兴之地，沈阳故宫。

在太子河东岸，曾经有座辽阳东京城。公元1621年，女真人部落首领努尔哈赤的后金政权，从北边的都城新宾迁到这里。安定不到四年，努尔哈赤又说服众人，要继续向北再建一座新都城。

1625年三月初三的清晨，女真人开始了

沈阳故宫

鸟瞰沈阳故宫

他们的大迁徙。仅仅用了一天一夜的时间，整个部落和数十万官兵，就赶到了他们的目的地——今天的沈阳。

沈阳是明朝的辽东重镇。在努尔哈赤选沈阳做新都城的时候，它已经在女真人的掌握之中。长城之南，北京城里有明朝皇宫紫禁城，而在长城之北，女真人又在沈阳建了一座宫殿，它就是今天的沈阳故宫。

1625 年，进入沈阳的努尔哈赤招募能工巧匠，在原来明代中卫城的基础上，大兴土木。新都城的建造，经历了努尔哈赤和他儿子皇太极两代，共 11 年时间。

女真人一天一夜迁往沈阳这件事，是明清交替的关键的一步。但在当时，一切都还在历史的迷雾中。

女真人的族源，最早可追溯到西周时期的肃慎人，他们世代生活在东北地区。女真人建立的金国，曾经推翻过北宋王朝。1616 年，努尔哈赤在赫图阿拉，也就是今天辽宁新宾县建立后金政权并称汗。

后金建立后，女真人一直没有停止继续往外扩张的态势， 5 年后，迁都辽阳，之后不到 4 年，又迁都沈阳，并在沈阳改称“大清”，最终跨越长城，得了明朝的天下。

追溯女真人的历史，努尔哈赤是关键性的人物。沈阳是他们在长城外的最后一个都城。

沈阳故宫的建筑布局分东路、中路和西路。

大政殿建于努尔哈赤时代，位于东路的正中位置，是沈阳故宫最早的大殿，正门前有金龙盘柱，殿内有降龙藻井。大政殿的殿宇做成八角形。大政殿的两边，以八字形排开的，是以左、右翼王亭为首的八旗亭，也叫十王亭。

八旗制的起源，与女真人早期狩猎有关。女真人出门狩猎，常以 10 人为一组集体行动。这种组织形式，在打猎中很有效，还适合打仗。在努尔哈赤统一女真各部的战争中，这种组织形式逐渐发展成八旗制度，每旗兵力有 7500 人。开始，只有黄、白、红、蓝四旗，后来又增加了镶黄、镶白、镶红、

沈阳故宫建筑之一

镶蓝四旗。八旗各有旗主，君王由八旗旗主共同推选。八旗户口三年一调查，不许冒充，也不许旗人远离本旗。1619 年，努尔哈赤率领六万八旗兵，打败了十多万明朝军队，在对明战争中一举由战略防御转为进攻态势。

沈阳故宫大政殿与十三亭的八字形建筑格局，反映的正是以八旗制度为核心的清朝军政体制。每遇大事，努尔哈赤端坐大政殿，左、右翼王和八旗旗主则分处十王亭，君臣合署办公。

沈阳故宫兴建之始，正是明朝和女真人激烈争夺东北地区统治权的时期。迁都沈阳第二年，努尔哈赤的十三万大军在和只有四五万人的明朝军队的交战中，遭受挫败，这对 68 岁的努尔哈赤是一次致命的打击。半年后，努尔哈赤死于沈阳，葬在福陵。

努尔哈赤作为清朝的奠基者，被尊为太祖。

努尔哈赤娶的是叶赫那拉氏之女。关于爱新觉罗家族与叶赫那拉氏，清

沈阳故宫建筑之一

朝末年还有一个传说，说努尔哈赤在平定叶赫部落时，几乎杀尽了叶赫部落的男子。叶赫部落的首领死前发誓说，就是剩下一个女子，也要灭掉他们的死对头。两百多年后，清朝末期出了个来自叶赫那拉氏的慈禧太后，慈禧把娘家的侄女配给了光绪皇帝，而正是这位也姓叶赫那拉的女子，在 1912 年颁布了清朝最后一位皇帝的退位诏书。

历史的巧合，经常被人附会成一段因果故事，但一朝兴亡，却不是三言两语就能说得清楚的。

努尔哈赤死后，他的儿子皇太极继续兴建沈阳故宫。故宫中路的建筑，就是皇太极时期完成的，前后用了十年时间。

1636 年，皇太极在崇政殿举行盛大的典礼，宣布正式称帝，并废除女真族名，改称满洲，定国号为清，从此，清王朝的国号便在中国历史上出现了。

作为清朝开国之君的皇太极，决心继承并且发扬光大父亲努尔哈赤的事业。他吸收汉人参政，并依照明朝的体制，设立直接听命于皇帝的行政机构，加强中央集权，并继续对明朝频频用兵，步步紧逼。皇太极称帝六年之后，新生的清政权就基本统一了整个东北地区。

但皇太极在他的御用鹿椅上，只坐了一年便去世了。椅背是用他自己猎取的一只鹿的角做成的。皇太极死后，没人再坐这把椅子。椅背上的字，是清朝入关后的第四个皇帝乾隆题的。

从皇太极开始，清朝的王公子弟都要上学读书，学汉文。老满文是努尔哈赤根据蒙古字母创制的，后来皇太极又加以修订，创制新满文。一百多年后，到了 18 世纪中叶，满族人已经很少讲满语。

皇太极把沈阳叫作“盛京”。盛京在满语里就是“谋克敦”——兴盛的意思。

到乾隆一朝，已是清朝最鼎盛的时期。乾隆皇帝来到先祖进入长城前建造的宫殿，总有些饮水思源的感慨。

宫中长廊

进北京后，清朝康熙皇帝、乾隆皇帝、嘉庆皇帝、道光皇帝等先后 11 次回沈阳。乾隆皇帝来得最多。他在凤凰楼上写的“紫气东来”四个字，是借用道家的话，表示自己不会忘记，他坐的江山就发祥于祖宗的这块宝地。

凤凰楼建在高台上，是当年沈阳城内最高的一座建筑。站在凤凰楼上，往南就是皇太极举行开国大典的崇政殿。黎明时分，当乾隆皇帝像皇

宫中一角

太极一样，登楼看“凤楼晓日”的时候，他肯定会体会到，他的先祖为什么要把沈阳叫作“盛京”。

尽管进北京后，盛京只是清朝皇帝偶尔回乡的临时驻地，乾隆皇帝还是不止一次继续修建盛京宫殿。他在大清门东修了一座家庙，用来祭祀爱新觉罗祖先。乾隆皇帝还专门组织了一个班子，编纂《满族源流考》，对自己的家族和族谱进行细致的考辨。

清朝入关前，前后在沈阳故宫住过的，有三位皇帝。努尔哈赤把后金都城从辽阳向北搬到了沈阳；努尔哈赤的儿子皇太极，则在沈阳建立了清政权；最后从沈阳出发入主北京紫禁城的，是皇太极的儿子福临。福临做皇帝时，才 6 岁。

在沈阳故宫，今天还能看到一个福临用过的摇篮，福临的母亲出身蒙古贵族之家，她给儿子用的是蒙古式的马背摇篮。

历史走到了 1644 年。

这一年，是明朝崇祯皇帝的末年，一支由李自成领导的农民军攻入北京，推翻了明朝。这一年，也是清朝顺治皇帝的元年，与农民军进北京同时，清朝的八旗大军，也开始向着长城、向着北京推进。

走到这一步，努尔哈赤的后代迎来了他们有史以来最大的一次机遇——清朝最终得了天下。

6 岁的小皇帝福临从此离开沈阳的皇宫，住进了明朝留在北京的紫禁城。

【链接】

沈阳故宫又称盛京皇宫，在清代则称盛京宫殿、陪都宫殿或留都宫殿等。其始建于努尔哈赤时期的1625年，建成于皇太极时期的1636年，后经康熙、乾隆皇帝不断地改建、增建，形成了今日共有宫殿亭台楼阁斋堂等建筑一百余座，屋宇五百余间，占地面积6.3万平方米的格局面貌。这是清王朝亲手缔造的第一座大气庄严的帝王宫殿建筑群，其浓郁多姿的满族民族风格和中国东北地方特色，都是北京明清故宫所不具备的。作为满汉建筑艺术融合得尽善尽美的范例，沈阳故宫既是中国著名的历史古迹和旅游胜地之一，也是当之无愧的优秀世界文化遗产。

【今作】

沈阳老街

◎ 卢爱平

一直以来，对沈阳的老街情有独钟。作为一个生于斯长于斯的沈阳人来说，我特别喜欢一个人在清凉寂静的早晨，骑着单车来到任意一条老街，一路走进去，看路旁葱葱茏茏的参天大树，呼吸着街上氤氲着浓厚古典气息的空气，岁月在那些久远建筑的青砖上留下的斑驳痕迹依旧清晰可见。每一次我都会被深深地吸引，总觉得有一种厚重的文化在一点一点地渗透着我的心灵，它在让我沉醉的同时，更让灵魂体悟到一种飞翔的高度。

老街是美的，其他地方当然也是，沈阳的美是辉彩漫溢的。“一朝发祥地，两代帝王都”的美誉见证了这座城市灿烂悠久的历史文化，在这里，一砖一瓦，一草一木，甚至是一缕微风都可以写入《诗经》，写进《楚辞》。蔚蓝的

沈阳老街

天空，清新的空气，缥缈的乐曲，古典的宫殿……在这里，你一定会被很多绝妙的景色陶醉，单不说那历史氛围浓厚的古代宫殿建筑群沈阳故宫博物馆，也不说那尽显中国古代建筑艺术的优秀传统及独特风格的沈阳东陵，还不说那规模宏大、建筑雄伟的沈阳北陵，单是你行走在路上，灵魂就会止不住被震撼，沈阳的道路上，浓郁的古典气息与现代文明交错生辉，折射出的璀璨，让你在思绪驰骋中感悟历史的同时，更可以感受到这座城市在新时代的春风下所散发出的活力。

我之所以对老街很倾心，很大程度上取决于老街的诗意。老建筑，老人，老树……看到这些诗意般的意象，被尘世侵扰的心好像在刹那间就被拂去了先前的喧嚣和浮躁，只剩下一缕宁静，悄悄地感悟生活。鸟鸣花香，微风歌唱，很容易地，我想起了自己的童年，和几个小伙伴玩耍于老街的每一个角落，不听到母亲焦急的呼喊声我们是怎么也不可能回家的，而今，随着岁月的流逝，童年早已不再，旧友亦散落天涯。

诗意是缥缈的，散落在沈阳的阳光雨露点点滴滴中。在诗意之美中，不知不觉就可以看到娇而不媚的古典之美，那是隐藏在繁华背影里的深沉之美。蛰伏在繁华背后的那些老街，无论有没有名字，曲曲折折，长长短短，窄窄仄仄，或许在战乱纷争的年代就已存在，斑驳的痕迹见证着沧桑的年华。它们如田间小道一般，交错相通，于不经意间给行走在街中的你一份柳暗花明般的惊喜，让你忍不住驻足凝望，又不由自主地往前探询。

下雨时的老街愈发地有一种别致的韵味，撑着伞，在黄昏翩然而至的时候，行走在沈阳的小巷中，看着雨一点一点从微微翘起的檐角缓缓滴落，听着那滴答滴答优美如乐的雨声，恍若骤然走进了戴望舒的那条悠长而又寂寥的雨巷，古典唯美，抒情而富有意蕴。

老街两旁，是高高低低的老建筑，斑驳的墙体，雕花的栏杆，微微翘起的檐角，散发着淡淡的西洋风味。可以说，每一座老建筑，都凝聚着一段沧桑的经历和一段动人的故事，它们是沈阳能工巧匠技艺的凝聚，更是沈阳历史的见证。临街的窗口或者墙上，偶尔会探出一簇优雅的散尾葵，兀自在阳光里绿着，在微风里轻轻地摇曳。老街两旁的店面，一家挨着一家，有宠物店、服装店、花市、修理铺，并不是特别精致，却以它的本色和古朴吸引着你的眼睛。那些店面，经营的都是些小本生意，卖日用品的，卖小吃的，补鞋的，修车的，偶尔会发现一间老裁缝店，高高低低挂着几件旗袍或者唐装，娴静的老板娘悠闲地靠在门边看书或者嗑瓜子，脸上是从容淡定的笑。但更多的还是小吃店，饺子、馄饨、烧卖、熏肉大饼、家常炖黄鱼、麻辣涮肚、麻辣烫等，

价钱便宜，味道却出奇得好。

老街的人，似乎都很懂得享受。阳光初洒，周遭一派晶莹。几位上了年纪的老人，齐聚在屋檐下，乐呵呵地聊天，时而挥舞双手，时而仰头感慨。尽管我并没有停下来认真地听他们在说些什么，但我知道，他们一定在感叹，感叹岁月的不饶人，以及年华如水般的流逝。也有老人在路旁随意摆一盘象棋，沉着冷静的面容下隐含着运筹帷幄指点江山的气魄。更多的是像我这样，骑着单车或步行的人，那份闲适，那抹随意，胜似闲云野鹤，直叫日日辗转在钢筋丛林中的人们羡慕得两眼发绿。

有时候老街深处，会有一些老艺术家在那里切磋技艺，都是临时搭就的简易戏台，台下摆着几张从自家带来的椅凳，几个描红画绿的人儿，穿着戏服，舞着水袖，咿咿呀呀地唱着，须臾寂寥沉静，须臾曲声乍起，看戏的几乎都是些老人，伸长着脖子，圆瞪着眼睛，那痴迷的神情，真叫人羡慕。也有几个调皮的孩童，拿着串糖葫芦，穿梭于戏台周边，笑着，跑着，间或轻轻吮上一口，那天真的模样，真是让人妒忌。

行走在老街里，记忆中的好多风景好像都在顷刻之间全部复活，绽放在脑海中，让我聆听到一种更贴近生命真谛的呼唤。我很愿意就这样一直走着，感悟着老街的点点滴滴，感悟着岁月的沧桑变迁。

当我走出老街的刹那，回眸凝视沉默在背影里的老街，我的眼眸竟忽然潮润了起来。不知为何会有这般的感觉，大概是因为我忽然想起前段时间听到的新闻了吧。随着现代化的发展，有些地方的老建筑都在逐渐地被拆除，取而代之的是更为先进更为流行的新款建筑。我真不知道老街究竟能否就这样永远地古典下去。

是的，在我心中，老街是有生命的，那一串串留在青石板的足迹，便是老街生命的年轮。那些足迹，记载着老街古朴悠远的过去，书写着老街静谧祥和的现在。那些从老街身上缓缓爬过的岁月，给老街留下了更加迷人的韵味，给沈阳增添了更为优雅的风景。我在心中暗自祈祷，祈祷温暖了无数人的美丽梦幻的老街会永远地存在下去，存活于沈阳美好的未来。

因为，老街是一种文化，更是这座城市的一处不朽的文明。

饮誉这片神奇的土地

◎ 胡凤娇

饮誉这片神奇的土地
7000 余年的历史
每一寸光阴都长满故事
1.3 万平方公里的方圆
每一抔泥土都承载着传奇

也许你无法想象
从一篷草庵出发
一只木雕鸟以怎样的翅膀
穿越厚重的时光
飞成一个城市不朽的雕像

也许你不能解读《史记》中
一员威猛无敌的燕将
率何等强悍之师
纵横捭阖于沈水之阳
以一座城池傲视蛮荒

而岁月深处旌旗猎猎
一支骁勇之旅驶出大漠的凄凉
铁蹄过处旗定一方
一个民族从马背上
从容而下
以最佳的风度入室登堂
从此紫气东来泽润朔野
一朝发祥地
遂起两代
盖世帝王

直至时光黯淡了前朝往事
而遗落的宫阙陵寝
于历史的深处熠熠生辉
在世界遗产的名录里
卓然而立
还有沉默的青铜古器昭示着
淬火的远古
寂静的帅府青楼沉凝着
一个民族的国恨家仇
盛京八景垂钓着
自然的瑰丽和岁月的不朽

棋盘山中智者于时间之外
对弈古今不断刷新的棋局
森林中的世博园骄傲地擎起
万杯醉人的诗情画意
与历史碰杯　与未来共饮
这醇厚的风情和浓缩的美丽

当然这块泥土曾有油渍斑驳
当然这片区域曾有烟囱吐墨
当然一条大河曾有波污浪浊
可这里是共和国工业重镇啊

200 多个第一曾令世界惊愕
而今这方土地已破茧成蝶
新型工业拒绝污染肆虐
摩天大厦覆盖了棚户区的尴尬
破旧马路变成了大道通衢
天蓝水碧花草如烟
翠绿的油松生机蓬勃
连沈阳的名片上都长满森林
东部青山半入城已不是童话
绿色是城市建设的永久主题
活力沈阳创造着人间的奇迹
人与自然和谐共生的图景
醉了不同肤色的八方游客

饮誉这片神奇的土地
你凝聚多少虔诚的注视和聆听
以及无数心驰神往的憧憬

不要疑惑这片土地总是激情翻涌
粗犷与豪迈正直与热情的交融
已化作一种基因深深地植入
这方水土的每一根神经
于是就有了正义向邪恶的宣战
贫穷向富裕的耕耘
落后向现代的求索
平庸向高尚的跋涉
于是就有了说不尽的关东情
唱不完的东北风
转不停的二人转
扭不够的秧歌红

饮誉这片神奇的土地
我以一个普通市民的名义
庄严宣布
在世界人文景观的集锦里
这片土地　最有魅力

冰城长白雪千堆

哈尔滨

【图说】

哈尔滨是金、清两代王朝的发祥地。公元1115年，金朝在上京（今哈尔滨市阿城区）建都。19世纪末，哈尔滨已出现村屯数十个，居民约3万人，随着中东铁路的建设，工商业及人口开始在哈尔滨一带汇聚。20世纪初，哈尔滨成为国际性商埠，先后有33个国家的16万余侨民聚集这里，16个国家在此设领事馆。1932年，哈尔滨沦为日伪统治；1946年4月28日，哈尔滨建立人民政权，成为全国解放最早的大城市。

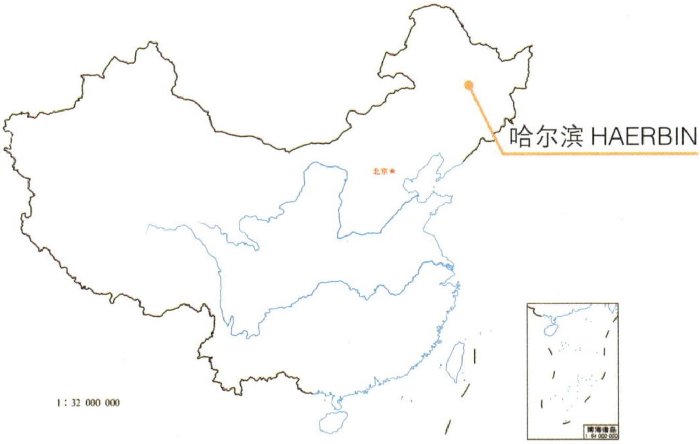

哈尔滨是黑龙江省省会，东北北部的政治、经济、文化和交通中心，东北北部地区最大的中心城市，也是中国省辖市中管辖面积最大的城市。哈尔滨还是中国著名的历史文化名城和旅游城市，素有“冰城”“天鹅颈上的珍珠”“东方莫斯科”“东方小巴黎”“冰城夏都”等美称。

【走读】

哈尔滨的精神

◎ 王若楠　潘虹莉

大度着，美丽着

从小就生活在这座素有“冰城”之美誉的城市里，我对于哈尔滨人是有着很深的感情的。哈尔滨人的大度宽容是遗传的、骨子里的、与生俱来的。这种大度宽容的性格，伴随着哈尔滨人的一生，且代代相传。这种天然的、不加粉饰的性格特点，为哈尔滨人在全国乃至世界上赢得了大量的朋友与良好的口碑。

哈尔滨是一座洋气十足的开放性的城市，早在20世纪20年代，哈尔滨就是一座英、美、德、法、意、俄等十几个国家流亡者和全国各地淘金者聚居的城市。在这个多民族、多种族的城市里，各色人物杂居，他们各有各的宗教信仰，各有各的饮食习惯，各有各的民族情结，各有各的爱恨情仇，但哈尔滨这座城市，以它无比宽广的胸怀，接纳了来自世界各地的流亡者、淘金人，使得这座“联合国”般的城市里，

冰雕的城市

甚少纷争。

索菲亚大教堂

在这座城市里，你会看到巴洛克、折中主义、文艺复兴等各个时期建筑风格的“洋楼”，也可以看到典型的中国式民居；你可以看到索菲亚教堂、圣母升天教堂钟楼、基督教堂和清真大礼堂这样的几乎囊括了世界各大宗教的“洋庙”，也可以看到文庙、极乐寺这样极具中国传统特色的庙宇殿堂；你可以看到黄头发、蓝眼睛，操着各种不同语言的“洋人”悠然地走过街道，也可以看到土生土长的本地人与你擦肩而过。不同建筑风格的楼宇，不同语言的人，不同信仰的人，与这座城市浑然一体，其乐融融，成为这座城市不可缺少的城市标志之一。

哈尔滨，也许是全国少有的不“排外”的城市。在这里，你绝不会感受到北京人给你的那种“天子脚下”的施舍感，也不会感到上海人那种用眼角看你的鄙夷感，而且，在这座城市里你是绝不会发出那种“独在异乡为异客”的寂寞感慨，也不会因为不熟悉这座洋里洋气的城市而遭当地人的白眼。这种城市的宽容气氛，让你不由得就有一种舒适感和亲切感。漫步这座城市的时候，你会惊奇地发现，在这座城市里，有斯大林公园、果戈里大街这样洋味十足的公园名和街名,这在全国的其他城市里很少见。当然,你也会看到“安宁街”“民安街”等这样极中国、极本地化的街名。

一个新鲜事物的出现，也许在全国其他城市都会被“炒”得热火朝天，但在哈尔滨，你几乎不会看到这样的火爆情景，因为哈尔滨人会用一种大度得令你吃惊的态度来看待这种新鲜事物的出现：“哦，知道了。”“是啊，挺好的！”“无所谓啦，只要有人喜欢就行！”“年轻人嘛，免不了的。”……种种回答，不一而足。绝少有人因你的穿着大胆、行为怪异、言语混乱而大加指责，也绝少有人因为你曾经犯错，而对你“另眼相待”。

哈尔滨人的宽容大度，是一种境界，一种品格。在这座城市里生活，是一件很幸福的事，是一件很幸运的事。在这座城市里，四季分明，春天有草青青，夏天有骄阳照，秋天有落叶飞，冬天有雪花飘。而在这美丽的自然景

观之外，再加上哈尔滨人的大度与宽容，构成了一幅天堂般的人间美景。

我很爱哈尔滨，不仅仅是因为“美不美家乡水”，更因为它是一座无论你身在何处，都会魂牵梦绕的塞外名城。

一座重感情的城市

天南地北的城市，现如今都在争一流的城市，与世界接轨。我居住的这座城市正在变化着，大街小巷，就连我居住的老式楼房也被装上了红屋顶，到了晚上在灯光的照耀下，像流动的火焰。

这种巨大的变化，可以使一座城市变得更加富有魅力和典雅，也同样带着人文的感情和真诚的关怀。

我一直记得这样一件事。有一年我去大连，下了火车已经是傍晚，偏偏天空下起了雨，雨虽然不大，但等出租车的我不一会儿身上就被雨淋湿了。终于上了出租车，我抱怨地对司机师傅说：“你们大连的出租车太少，我等了半天才等到你这辆，要是在我们哈尔滨，用不上一会儿准坐上了。”司机是位40多岁的师傅，他连连向我道歉，说了几个对不起，好像这件事与他有直接关系似的。“你到哪儿我都不收费，免费送你去，其实我们大连的出租车一点儿也不少，可能是雨天的关系车紧了些。”路上，他向我介绍大连该去的和不该去的地方，尽管到了地方后，我坚持付了车费，他仍然是一脸的歉意，从那以后我虽没再去过大连，却记住了那位出租车司机，记住了大连那座城市，他把大连人对一个异乡人的真诚和情感留给了我，让我至今难忘和感动，当然，我对大连的印象是颇佳的。

现在想想，任何一个人，都不要低估你的能量和影响力。正是那位司机师傅，他把他放在一个城市大家庭的位置上，他是这个家庭的一员，而他对这个家庭是如此的热爱和有责任感，这座城市在他心里一定是神圣的、温暖的、可信任和爱戴的，他所要做的全部的意义，是将自己融入这座城市中去，他用他的行为、真诚和情感，对一个异乡人的微词说不，他在尊重和爱戴这座城市的同时，也在尊重着自己，郑重地对待一个异乡人的到来，我知道他一定是发自内心的，他居住的城市是有着巨大魅力的，这种魅力潜移默化地影响着他，使他成为那座城市的缩影。

在我感谢这位司机师傅的同时，也常常为迷失在我居住的这座城市的一些人感到遗憾。我只是想说，无论你是在什么位置上，千万别小看了你自己，人格的魅力是建立在合理性上的。

我曾在俄罗斯的海参崴翻遍了一个卖邮册小伙子的邮册，最后我没买，

却看到了他始终如一的微笑。那一刻，我的神经放松心情释然，那是全世界人都应具有的本能——微笑，我把它从世界的另一端带回来，珍藏好，因为它的感染力。

我的一位朋友打来电话说，她要放弃在哈尔滨令人羡慕的位置，去珠海。她说，在这里合约签完了，可做事就离合约远了，一个字，难！她说哈尔滨的热情基于酒桌，在那之后，天高任鸟飞，海阔凭鱼跃。我说你看问题过于片面，过于固执，过于认真，过于强调自己的理由，你走吧，我留下。朋友走了，我知道我留下的理由。这座城市中的人所具有的严谨、缜密的态度，也许我的朋友没有看到，她有她的现实和追求，绝不是曲高和寡，人们是希望好的啊。

一个没有情感和真诚的城市是可怕的，一个没有情感和真诚的人会让这座城市失色，我知道这座城市还有太多的梦想，但愿我们都能成为主角。我很希望大连的那位出租车司机师傅也来看看我所居住的这座城市，我那位朋友再回来重新定位，我们会有国际视野吗？

冰雕

【胜迹】

游览建议路线

太阳岛 · 冰雪大世界 · 索菲亚广场 · 斯大林公园

哈尔滨及其周边地区名胜分布示意图

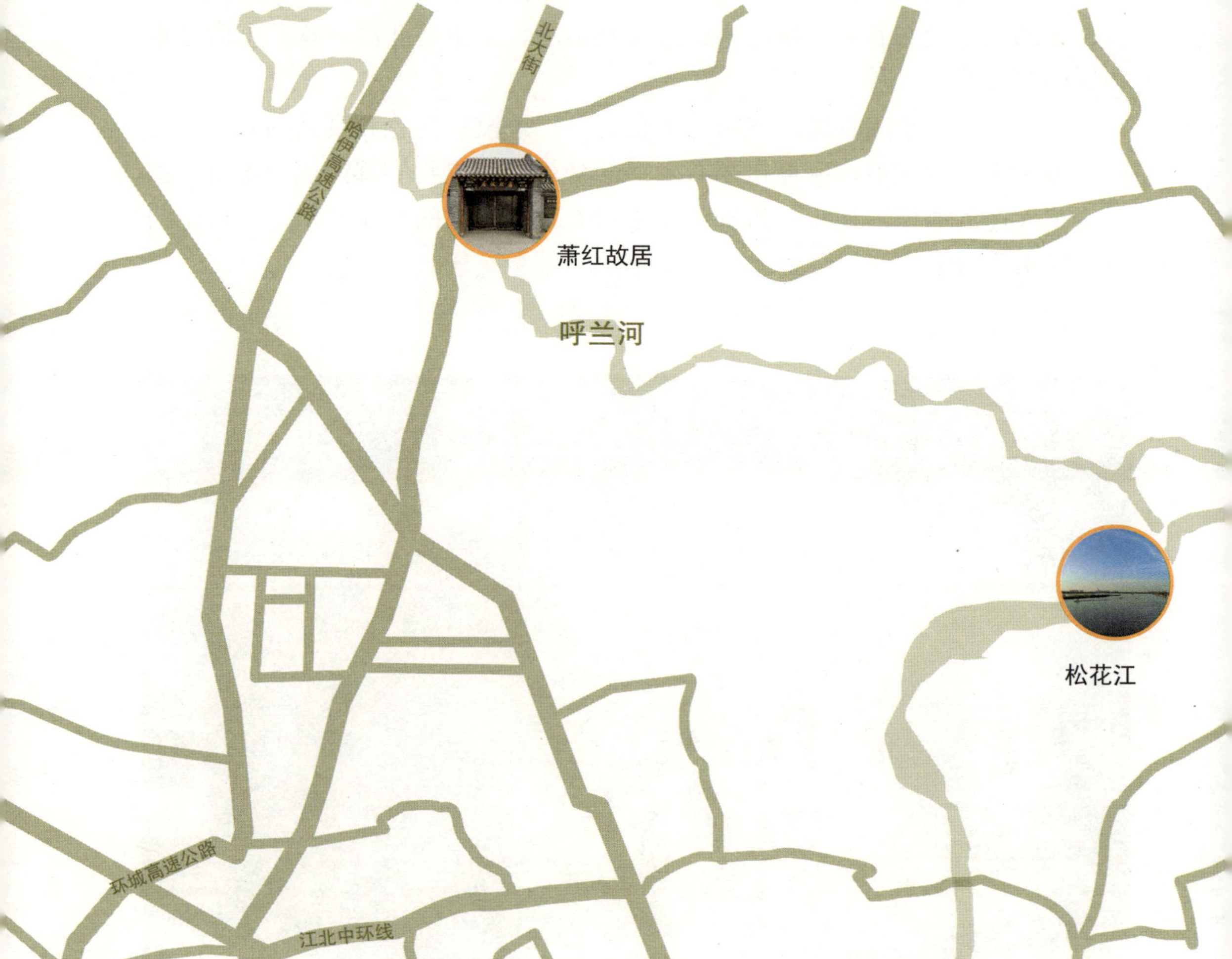

萧红 像

被誉为“30年代的文学洛神”的萧红，是民国四大才女中命运最为悲苦的女性，也是一位传奇性人物，她一生一直处在极端苦难与坎坷之中。苏教版高中语文选修课本“是什么让我们感动”的抒情散文专题中，选择了她的散文《春意挂上了树梢》。文章中，萧红用写实的手法从一个特定的角度描写了日伪统治下的哈尔滨，对其病态进行了沉痛的揭露：中国的富家小姐、外国绅士太太在舞场的作乐嬉笑与中国烂脚乞丐在街边的呜咽哀号、盲人卖艺时头部的歪曲构成了极不协调的畸形对比。

渡黑龙江时连雨水涨竟日乃济

【明】杨　慎

飞沓朝暾霁，停骖午漏分。
客心随水急，人语隔江闻。
雨过添清气，风生爱縠纹。
中流归棹稳，跂望有来群。

松花江上

张寒晖

我的家在东北松花江上，
那里有森林煤矿，
还有那满山遍野的大豆高粱。
我的家在东北松花江上，
那里有我的同胞，
还有那衰老的爹娘。
“九一八”“九一八”，
从那个悲惨的时候，
“九一八”“九一八”，
从那个悲惨的时候，
脱离了我的家乡，
抛弃了无尽的宝藏，
流浪！流浪！
整日价在关内，流浪！
哪年，哪月，
才能够回到我那可爱的故乡？
哪年，哪月，
才能够收回我那无尽的宝藏。
爹娘啊，爹娘啊，
什么时候，才能欢聚在一堂？

【名篇】

冰　城

◎ 王充闾

望着窗外渐渐消融的冰雪，脑际蓦地浮现出秦观的“梅英疏淡，冰澌溶泄，东风暗换年华”的名句。不过，此刻萦绕念中的却不是洛下的金谷名园、铜驼巷陌，而是松花江畔的北国冰城。

已经过了“知命之年”，早就淡化了昔日的江湖情、壮游热，通常是不易动情的。但是，当我徜徉于哈尔滨的冰城，身入“琼宫”，目迷五色的时候，却难以抑制感情潮水般的放纵奔流。至今，四十天过去了，那景观，那色彩，那刀刻斧削般的深刻印象，还依然浮现在眼前、心上……

一踏进由数百块坚冰垒成的仿古城门，眼前，便立刻呈现出一个洞府仙乡般的水晶世

冰雕的宫殿

界。游园如展手卷：如果把迎门处“三羊开泰”的冰雕造型比作这幅手卷的“引首”，那么，珠宫贝阙、琼楼玉宇般的冰雕建筑群就相当于“卷本”，而数百件炫奇斗艳、竞逞才思的各种冰灯、冰塑，无疑就是“拖尾”了。它们在镶嵌其中的五光十色的电灯照映下，益发显得神奇瑰丽，灿烂辉煌。仿佛置身于《一千零一夜》中的童话世界：随着“芝麻开门”的呼唤，石门砉然而开，里面珍宝纷呈，令人目不暇接。

冰雕的城堡

我们登上了用冰块垒砌的岳阳楼，眼前虽然没有见到“衔远山，吞长江，浩浩汤汤，横无际涯”的洞庭胜状，但“登斯楼也”，确实也感到“心旷神怡，宠辱偕忘”，逸兴遄飞，“其喜洋洋者矣”。元代一位诗人登岳阳楼时题诗：“乾坤好句唐工部，廊庙雄文宋范公。秋晚登临正奇绝，只疑身在水晶宫。”可谓先得我心。

杜陵叟的“昔闻洞庭水，今上岳阳楼”的名篇和“小范老子”的传世雄文，是早就读得烂熟的，可是，这座江南名楼却至今缘悭一面。岂料半生夙愿于此得偿，尽管属于模拟性质，也算是“慰情聊胜无”了。

那冰雕“玉”砌、雉堞参差、雄浑壮丽的山海关，更是美轮美奂，惟妙惟肖，再现了那座始建于六百多年前的“两京锁钥无双地，万里长城第一关”的雄姿。听说，登上后要从陡峭的冰道上滑下，我们面面相觑，似有惧色，便只能望“关”兴叹了。

好在前面还有令人目眩神迷、金碧交辉、殿阁玲珑的布达拉宫在吸引着我们，也就不觉得怎么遗憾了。两年前，我在拉萨曾实地参谒过这座号称“藏族古建筑艺术精华”的宫堡式建筑群。想不到，今夜在北国重逢，感到分外亲切。悠悠东流的雅鲁藏布江，依旧是澄波如鉴吧？被誉为藏族发祥地的贡布山，别来无恙乎？亲爱的两百万藏族同胞，你们好！

在“冰雕艺术作品展”中，中、俄、美、日、意、瑞士等国的冰雕爱好者，都有作品展出，风格迥异，各擅胜场。要言之，东方的显得典雅、素朴、深沉，而西方的则泼辣、热烈一些，富有象征性和梦幻特色。

那天，哈尔滨夜间的气温降至零下二十五摄氏度，但畅游冰城的人流仍是络绎不绝，一个个神采飞扬，毫无瑟缩之感。哈尔滨市人民素有迎风斗雪

的良好习惯和“雪虐风饕愈凛然”的昂扬气概。

我听说人流中杂有许多冰雕艺师，他们喜欢不动声色地倾听着观众的评议。回去后，有的埋头灯下，有的闭目沉思，准备明天推出逸群绝伦的新的冰雕作品。

据说，仙家日月过得很慢，而人们的感觉却是快的，所以有“洞中方七日，世上已千年”的诗句，和大梦沉酣，四十年出将入相，醒转来却黄粱未熟的故事。在瑰奇的冰城里，亦有同样感觉。

当时游览了许多景观，从水瘦山寒的塞外，到繁花似锦的江南，登上了世界屋脊，访问了江南名楼，欣赏了富有异国风情的冰雕作品和有着浓郁的民族特色的各式冰灯，实际上仅仅在兆麟公园转了一圈，时间不过一个多小时。当我们告别这琉璃世界，重新踏上街头时，确有离开幻境，返回了人间之感。当即口占一绝：

回首天边月半弯，琼楼玉宇在人间。
从今惯结仙乡梦，我自冰城一往还。

冰城之引人入胜，我想，不仅由于它是一个纯由冰雪构建的水晶世界，而且，因为这些冰雕都是颇为精美的艺术品，具有较高的艺术观赏价值。“天工人可代，人工天不如。”通过这些精美的冰雕，在人与自然之间、艺术美与自然美之间，架起了一座灵犀互通的桥梁。这是一种新奇而确有成效的尝试。更值得称颂的是，这些艺术品，并非出自久负盛誉的艺术大师和雕塑名家之手，它们的制作者绝大多数都是普普通通的群众。雕塑艺术，闯入“寻常百姓家”，这还不值得我们热情地赞颂吗？

这场冰城的游历，似远实近，似虚却实，它植根于现实世界，不像海市蜃楼那样可望而不可即，瞬息消失，也不像梦中仙境那样虚无缥缈，醒后踪影皆无。当然，它也有别于石林奇观、瑶琳仙境等景点，它不能久历春秋，留存长远。即使在奇寒的北疆，三个月后，它也要幻化为流水、浮云，重返大地母亲的怀抱，流向滔滔江海。四时代序，冬去春来，这是自然的常道，我们无需为冰城的消解伤怀。应该说，它在人们的心田已经镌刻下深深的印象。

“好去灯前施妙技，明年冰雪倍还人。”当寒风掠地，雪满松江，北国人民会适时托出一座新的冰城的。值得忧虑的倒是，年年垒建，岁岁雕冰，而世事常新，永无停日，冰城建设者、冰雕艺师们，将如何争奇斗巧，推陈出新，以满足人们无尽的追求呢？

又是春天

◎萧　红

太阳带来了暖意，松花江靠岸的江冰坍下去，融成水了，江上用人支走的爬犁渐少起来。汽车更没有一辆在江上行走了。松花江失去了它冬天的威严，江上的雪已经不是闪眼的白色，变成灰的了。又过几天，江冰顺着水慢慢流动起来，那是很好看的，有意流动，也像无意流动，大块冰和小块冰轻轻地互相击撞发着响，唧唧着。这种响声，像是瓷器相碰的响声似的，也像玻璃相碰的响声似的。立在江边，我起了许多幻想：这些冰块流到哪里去？流到海去吧！也怕是到不了海，阳光在半路上就会全数把它们消灭尽……

然而它们是走的，幽游一般，也像有生命似的，看起来比人更快活。

冬日松花江

夏日松花江

那天在江边遇到一些朋友，于是大家同意去走江桥。我和郎华走得最快，松花江在脚下东流，铁轨在江空发啸，满江面的冰块，满天空的白云。走到尽头，那里并不是郊野，看不见绿茸茸的草地，看不见绿树，“塞外”的春来得这样迟啊！我们想吃酒，于是沿着土堤走下去，然而寻不到酒馆，江北完全是破落人家，用泥土盖成的房子，用柴草织成的短墙。

“怎么听不到鸡鸣？”

“要听鸡鸣做什么？”人们坐在土堤上揩着面，走得热了。

后来，我们去看一个战舰，那是1929年和苏俄作战时被打沉在江底的，名字是“利捷”。每个人用自己所有的思想来研究这战舰，但那完全是瞎说，有的说汽锅被打碎了才沉江的，有的说把驾船人打死才沉江的。一个洞又一个洞。这样的军舰使人感到残忍，正如同在街上遇见的在战场上丢了腿的人一样，他残废了，别人称他是个废人。

这个破战舰停在船坞里完全发霉了。

萧红（1911–1942）

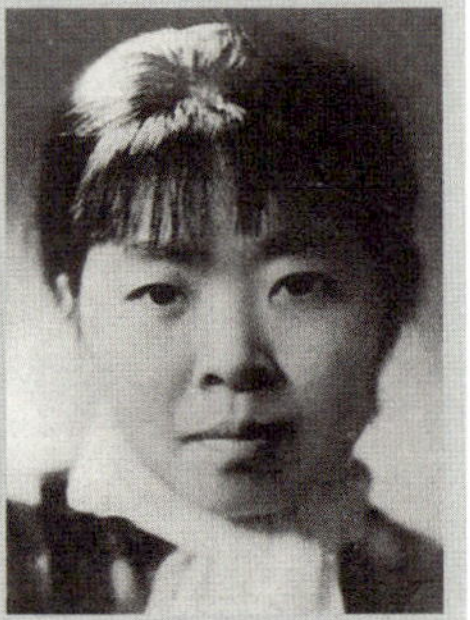

中国现代著名女作家。黑龙江省呼兰县（现哈尔滨市呼兰区）人，原名张廼莹，“萧红”是发表《生死场》时使用的笔名。1933年，萧红与萧军自费出版第一本作品合集《跋涉》，在鲁迅的帮助和支持下，1935年发表了成名作《生死场》，1936年，为摆脱精神上的苦恼东渡日本，在东京写下了散文《孤独的生活》、长篇组诗《砂粒》等。1940年与端木蕻良同抵香港，之后发表了长篇小说《马伯乐》和《呼兰河传》。

【今作】

冰城市声

◎孙　靖

三月份的前奏，是南方的春雷阵阵，地面蒸腾起湿热的气息，常绿树木顶出层层新叶。萧红却说：“三月花还没有开，人们嗅不到花香，只是马路上融化了积雪的泥泞干起来。”（《春意挂上了树梢》）没有在极北之地被冰雪囚禁一个严冬的经历，你实在无法体会那份盼春的心情，那些苦盼而终不能得的哀痛和怨愤。

所以每年都会有那么多被温暖气候宠坏了的游客，涌向这座号称“冰雪之都”的城市——哈尔滨。

这本是一块冰封雪锁、人迹罕至的土地，或许最早只有那些眷恋着松花江的天鹅频繁来往。不知从什么时候开始，白山黑水间慢慢积聚起人的气息——为了生存、为了利益而来的商人的气息。关东客扛来了人参、鹿茸和貂皮，

冰雕

俄罗斯人铺开琳琅满目的珐琅烛台和酒杯。逐水草而居的未必是人家，有商人的地方却注定要成为“市”。以物易物也好，一手交钱一手交货也好，在“市”这样的地方，人们剥去了温情脉脉的面纱，眼中所见、耳中所听、口中所言、日夜所思的，无非是一个赤裸裸的“利”字，所以他们永远显得那么直白、爽利，得意即大声欢唱，失利则痛饮高哭，青春绽放时不妨大肆饕餮、纵情歌舞，年华老去也不忘怀抱一瓶伏特加，于醺醺醉意中咕哝着、埋怨着，徒然追忆着当年的勇猛。大列巴（一种俄罗斯面包）酝酿浓郁的酒味儿，熏红肠散发浓烈的蒜味儿，罗宋汤蒸腾呛人的洋葱味儿，你分不清是浓烈的食物造就了浓烈的性情，还是浓烈的性情催生了对这浓烈气息的嗜好。

雪雕

当车辆闯入这座城市如乱麻渔网一般的街道，终于结结实实堵在雪水泥泞的路口，你才深深体会到“市”的含义——熙熙攘攘，皆为利往。因贸易而形成的城市往往缺乏规划和远见，路是横七竖八的，人是横冲直撞的，不断膨胀的车流别无选择地堵在了路上。交警还未上班，红绿灯彻底失效，小三轮、自行车见缝插针，终于堵成了水泄不通之势，后面的车辆还在源源不断涌入……

开车的司机是本地人，一直例行公事地摁着喇叭，这会儿跳下车去，客串起了交警。导游也是当地人，二话不说接过方向盘，拉下车窗——

“大哥，你就指挥吧，有路我先闯过去，你要挨揍了可别说认识咱！”

不知道“挨揍”是否真有其事，此刻却见对面也跳出一个义务“交警”。两“交警”不发一言，有模有样地疏通着车流。交通渐渐有了起色，两人各自跳上车，迅速找到突破口，冲出重围。

回望车流，仿佛又堵上了。交警似乎也被堵在遥远的地方，不过不要紧，拥堵的路口也跟自发的市场一样，懂得自我调节。游客只要考虑自己的目标——太阳岛。

据说夏天的太阳岛如天堂般美丽：阳光、沙滩、海浪，金发碧眼、身材窈窕的俄罗斯姑娘……冬天的太阳岛却是冰雪的世界。蔚蓝的天宇下是白茫茫的雪野，零下二三十度的低温将空气都冻成了冰玻璃，阳光在玻璃外徘徊，

灿烂明媚，却没有一丝暖意。

严寒有时候会逼着人用放纵来驱赶寂寞，更能引发更幽深广阔的想象，——那白茫茫雪野上千奇百怪的雪雕，就是这想象的结晶。

雪雕里有古典的幽思：飞天凌空起舞，弥勒佛袒腹微笑，大屋顶和飞檐斗拱撑起富有意趣的曲线……雪雕里也有现代的狂想：无法互相咬合的齿轮，无数张开的眼睛或镜头，不断向高处延展的管状物，扭曲的面目、夸张的姿态和莫名其妙的标题……

导游脚步飞快，无意作任何讲解，因为她清楚这雪是人工所造，雪雕是一年一度吸引消费者的特色活动，有主题、有设计师，亲手制作雪雕的工人只是按照图纸施工，而她自己，也扮演着流水线生产链上的一环。——没有哪一方土地不能变成巨大的市场，想象力和创造力不过是万千商品中稍微昂贵的一种。

比起远在郊外的太阳岛雪雕，市内的“冰雪大世界”更具商业气息。水晶一般的冰块，堆砌的是“雪花啤酒”“红磨坊”和“交通银行”，霓虹闪烁如仙境，这仙境恰是“天上的街市”。据说气温回升后，这些高大的雕塑很快融化坍塌，“冰雪大世界”就会戒严，严禁游人接近。想象一下那时的情景吧，“雪花啤酒”化成泥泞，“红磨坊”“香消玉殒”，“交通银行”片片零落……不知设计师们用冰雪制造盛况的时候，有没有想到这“忽喇喇似大厦倾”的结尾。或许他们早就在商海沉浮中练就了宠辱不惊的定力，只需赢得这次资助，赚取当季利润，便已功德圆满，什么批评、什么讥讽、什么“不吉利的兆头”，终究会被碾碎，消融在嘈杂的市声里。

所以远道而来的客人们哪，放下你们酸腐的小幻想、小情调吧，趁着这寒冷漫长的夜晚，去听听红红火火的二人转，去看看热辣辣的俄罗斯歌舞，或者去逛逛灯红酒绿的中央大街，跟着众人一起狂笑、跺脚、旋转、欢呼，大块吃肉、大口喝酒，唏哩呼噜喝汤，痛痛快快掏出你的钱包，购买你想要的一切欢乐。最后，在市声沉寂的黎明，收拾起你的惆怅，悄悄返程吧。

市区一景

在哈尔滨寻找萧红

◎冯　渊

清王朝认为哈尔滨一带是其龙兴之地，因而作为禁地，开发较晚。因此，哈尔滨比其他历史文化名城少一些暮气，多一些现代商业的喧闹。由于地域原因，许多地方还打上了俄罗斯文化的烙印。我是从萧红的文章认识这座有着“东方莫斯科”之称的城市的。冬天到哈尔滨，除了看雪雕冰雕等景点，最想拜谒的是萧红故居。和大部分后来修建的名人遗迹一样，故居实际上很难显现当事人当年生活的神采。不过，有了萧红的《呼兰河传》《生死场》《商市街》，哈尔滨的过去就又如照相的底片，慢慢地在这些文字里显影了。

萧红故居，坐落在哈尔滨市松花江北的呼兰区南二道街 204 号，距离哈尔滨市 25 公里。来人不多，门票不贵。

萧红故居

这所房子始建于 1908 年，是清末传统八旗式住宅。窗户裱糊北方特有的窗户纸，室内是北方人离不开的炕。院内还有一座 2 米高汉白玉的萧红塑像。

景点介绍上写着：

这里已成为中国北方对外进行文化交流的文明窗口，国内外广大文学爱好者旅游的文化圣地，也为现代化的哈尔滨人文景观添写上浓郁的乡土气息。

也许吧。只是游人真的很少。热情激越的萧红一辈子过的是寂寞生活，其作品显示的卓越才情和普通文学史对她的忽略的对照，让人不由生出叹惋之情，这样寂寞的故居也让远道而来的零星游客有些不好意思。其实，整个哈尔滨，像萧红这样的“文化名人”原本不多，应该倍加珍惜。

萧红，本名张乃莹，1911 年 6 月 1 日出生于哈尔滨，幼年丧母，受到祖父的特别疼爱。1927 年，进入哈尔滨市东省特别区区立第一女子中学读书，1930 年，为了抗拒包办的婚姻，萧红离家出走。1931 年，家中为她包办的未婚夫汪恩甲找到萧红，萧红先受其诱骗，后又遭其抛弃，只好向报馆求告，得到了萧军等人的帮助。

火炉烧起又灭，灭了再弄着，灭到第三次，我恼了！我再不能抑止我的愤怒，我想冻死吧，饿死吧，火也点不着，饭也烧不熟。……

烧晚饭时，只剩一块木柈，一块木柈怎么能生火呢？……

脱掉袜子，腿在被子里面团蜷着。想要把自己的脚放到自己肚子上面暖一暖，但是不可能，腿生得太长了，实在感到不便，腿实在是无用，在被子里面也要颤抖似的。……

第二天，仍是一块木柈。他说，借吧！……有了木柈，还没有米，等什么？越等越饿。他教完武术，又跑出去借钱，等他借了钱买了一大块厚饼回来，木柈又只剩了一块。这可怎么办？晚饭又不能吃。

这篇《最末的一块木柈》记载的是萧红和萧军的真实生活。

在萧红的散文集里经常会读到饿得受不了的冬夜“用刷牙缸装一些冷水来喝”，除了刷牙缸，他们只有脸盆。在《他去追求职业》《家庭教师》这些文章里，她常常提到爱人出去借钱或是找工作。她自己宛如可怜的小猫，在家里饿着肚子，看着对门的邻居打开门接过外卖送来的美味，伤心着急地等待着爱人能快回来，带来可吃的东西。

在哈尔滨的流浪生活中，萧红长期受到饥饿的威胁。在《提篮者》一文中，她写面包怎样吸引她，但是“挤满面包的大篮子又等在过道，我始终没推开门，

门外有别人在买，即使不开门我也好像嗅到麦香。对面包我害怕起来，不是我想吃面包，怕是面包要吞了我”。在《饿》里，她甚至写到饥饿得实在难以忍耐的时候，想要去偷，“肚子好像被踢打放了气的皮球”，她对着空荡荡的屋子，发出了如此的疑问：“我拿什么来喂肚子呢？桌子可以吃吗？草褥子可以吃吗？”

萧红也会回忆起童年，却也没有什么温暖的记忆，只是记得祖父一边哄她一边说要快快长大，长大就不会这样苦了。哪知真的长大去了外面的世界，却面对着更加饥寒交迫的生活。

但不管日子多艰难，他们一直在写作。1934 年 6 月，长篇小说《生死场》在哈尔滨《国际协报·文艺周刊》连载。在鲁迅的支持下，《生死场》于 1935 年 12 月在上海出版，鲁迅亲自为它写序。这是先生写的序言：

这本稿子到了我的桌上，已是今年的春天，我早重回闸北……却看见了五年以前，以及更早的哈尔滨。这自然还不过是略图，叙事和写景，胜于人物的描写，然而北方人民的对于生的坚强，对于死的挣扎，却往往已经力透纸背；女性作者的细致的观察和越轨的笔致，又增加了不少明丽和新鲜。

在萧红的《生死场》中，那个生病卧床的月英向村人控诉说，她的丈夫舍不得她终年用一床棉絮垫被，搬了一堆砖头放在床上作为她临终前的陪伴。无论她如何痛苦哀叫，男人只是不理，“宛如一个人和一个鬼安放在一起，彼此不相关联”。

摩罗这样写道：

这些人物好像都给抛到了既无水分，也无阳光，既无人烟，也无鸟兽花草的荒漠之中。他们在这样的荒漠中无望地期待，无望地挣扎。可是，这个荒漠是如此广大无边，他们无从寻找任何资源来滋润自己、营养自己，无从寻找任何途径来培育自己、发展自己。最后他们既不期待也不挣扎，他们和他们的心灵都成了这无边荒漠的一部分，成了日后吞食新的生命的残酷因素。

想起萧红当年的生活，以及萧红笔下这些在泥水里挣扎的同胞，再看今日哈尔滨的繁华，不禁感慨万分。

往昔种种，恍如梦中；眼前一切，不敢深究。

1935 年和 1936 年，对萧红来说，是创作上丰收的两年，也是她异常快

乐的两年。但是，欢乐的情绪没有持续多久。1936 年初，由于个人感情方面的原因，萧红的情绪开始变坏，并于 1936 年夏天只身东渡日本。1938 年 1 月，萧红与萧军等人相继从武汉到达山西。2 月，日军逼近临汾，在去留的问题上，双方意见分歧，萧军留在了临汾，萧红随丁玲来到西安。1938 年初夏，萧军从临汾辗转来到西安，但他们决定分手。不久，萧军与别人结婚，萧红则与端木蕻良回到武汉举行婚礼。

1941 年出版的长篇小说《呼兰河传》是萧红在为慈祥慈悲的老祖父立传。整个家庭处于荒凉之中，老人以幼小的孙女为乐，孙女以温和可爱的老祖父为依靠。作者多次描述“我家是荒凉的；我家的院子是很荒凉的”。

萧红需要温暖，家庭无法给予，她转向情感世界里寻找。而在情感世界里，萧红更是伤痕累累。只有鲁迅先生，曾给过她最诚挚的友情。可当我们读到许广平写的《追忆萧红》时，看到的竟然不是她写的《回忆鲁迅先生》里的那种温馨迷人的场景。许广平并不欢迎她，不冷不热的招呼，当时的萧红是否感觉到了呢？

萧军在垂暮之年重新注释了萧红书简，端木蕻良在萧红去世后十七年才结婚。他们在很久以后重新想起了萧红，但是萧红需要他们的时候，他们在哪里？

1942 年 1 月 22 日，萧红病逝于香港，历经短短 31 载人世沧桑，饥饿的身体和灵魂终于得以安息。激越的情感在没有合适对手的寂寞状况下经受了无限煎熬。在写作上，她心比天高，临终前，她说：“我将与蓝天碧水永处，留得那半部《红楼》给别人写了。半生尽遭白眼冷遇……身先死，不甘，不甘！”

萧红去世之后，其文学史地位也很不稳定。至少，在文学史的叙述里，过去，她不如冰心、丁玲；现在，也不及张爱玲、苏青。

但文学史也在不停地“写作”中，林贤治《漂泊者萧红》用非常富于激情的诗性语言塑造了虽然落魄，但身上有着高贵精神气质的萧红形象。孙郁则称，萧红是非常纯粹，像玉石一样的存在。萧红笔下的哈尔滨和鲁迅笔下的未庄一样，只是 20 世纪初叶中国社会的一个缩影。今天的哈尔滨再也找不到昔日的贫苦破败，萧红将所有的苦楚带进了历史深处。

从呼兰回到哈尔滨市区，在喧嚣的市声中，找不到一丝萧红的痕迹，除了冬天仍然很冷。